拳击
BOXING
运动
从入门到精通

全彩图解视频学习版

高振国 著

人民邮电出版社

北 京

图书在版编目（CIP）数据

拳击运动从入门到精通：全彩图解视频学习版 / 高振国著. -- 北京：人民邮电出版社，2019.10
ISBN 978-7-115-51648-0

Ⅰ. ①拳… Ⅱ. ①高… Ⅲ. ①拳击－基本知识 Ⅳ. ①G886.1

中国版本图书馆CIP数据核字(2019)第152918号

内 容 提 要

本书是拳击奥运冠军教练超过30年执教专业运动员的经验总结。全书对拳击运动的新规则、装备、训练器材、训练方法及技战术应用做了系统介绍。书中采用专业选手示范图例，教练讲解技术要领的形式为读者呈现所有技战术动作，同时配有动作教学视频，便于读者更好地学习与实践；另外，书中还有针对拳击运动常见问题的回答，是一本拳击运动项目的工具书。无论是专业拳击教练员、运动员，还是大众拳击爱好者，都可以通过本书了解拳击运动，在不断探索中学习和提高拳击技战术水平。

◆ 著　　　　高振国
　　责任编辑　寇佳音
　　责任印制　周昇亮

◆ 人民邮电出版社出版发行　　北京市丰台区成寿寺路 11 号
　　邮编　100164　电子邮件　315@ptpress.com.cn
　　网址　http://www.ptpress.com.cn
　　三河市君旺印务有限公司印刷

◆ 开本：700×1000　1/16
　　印张：16.25　　　　　　　　2019 年 10 月第 1 版
　　字数：246 千字　　　　　　2025 年 9 月河北第25次印刷

定价：88.00 元

读者服务热线：(010)81055296　印装质量热线：(010)81055316
反盗版热线：(010)81055315

高振国教授将沉甸甸的书稿送到我手中，希望我为他的这本书作序，这是对我的信任也是我的荣幸。有位名家曾说过，"序"的表达是对一篇文章或一本书做"开山铺路"的工作。同为国家拳击队的教练，能为他做"开山铺路"的工作，是我义不容辞的责任也是无比光荣的事。

拳击作为奥运会传统的比赛项目，既是两个拳头的攻防，也是一项强身健体、防身自卫的体育运动，更是一种技术、战术、体能、心理和智力的较量。

拳击运动源远流长，它起源于人类产生之初。为了生存和竞争，人类发明了它。我国的拳击运动始于 19 世纪末 20 世纪初，由于一些原因，原国家体委（现为国家体育总局）于 1958 年暂停了这项运动。直到 1986 年 3 月，我国才正式恢复了拳击这项运动。

由于我国的拳击运动长时间地脱离世界拳坛，到 1986 年恢复拳击运动后，我国落后世界拳击技术、战术和专项素质的发展近 30 年。高振国教授是我国恢复拳击运动后的第一批教练员，面对当时国内拳击界许多薄弱环节及存在的重重困难，老一代拳击工作者没有被困难吓倒，认真地钻研世界拳坛先进的技术、战术、训练方式和手段，创新思维，奋力追赶。在努力学习拳击先进国家的经验的基础上，不断地探索我国拳击运动在技术、战术、体能、心理智慧等方面与世界先进拳击运动产生差距的原因，创新思维制定出适合我国拳击运动的训练方法和手段，缩短了与世界拳击强国之间的差距。高振国等教练兢兢业业，努力攀登世界拳击高峰，用最短的时间使我国的拳击运动在 2001 年的第一届女子拳击世界锦标赛、2002 年的第二届女子拳击世界锦标赛中取得了 2 金 2 铜的惊人成绩。这极大地鼓舞了我国拳击界教练员和运动员的士气，对中国拳击事业的发展做出了突出贡献。

没有高振国教授等拳击教练员的辛勤付出，不可能有我们如此之快追赶世界拳击强国的步伐。

现如今高振国教授根据自己多年从事拳击教学与训练的经验，撰写了这本书，它既可以作为普通人增强体质、促进身心健康、防身自卫的学习资料，也可以作为提高拳击运动员的成绩，攀登拳击运动技术高峰的专业指导教材，是一部极为有益的拳击教科书。特写序以贺之。

李青生

国家拳击队原总教练
中央电视台 CCTV5 频道拳击栏目解说嘉宾

拳击是一项复杂的竞技体育运动项目，是两名选手在拳击台上通过两只拳头的对抗、脚下步法的移动进行的比赛。比赛的胜负判定是根据拳手的积极主动性，掌握场上比赛的节奏，合理运用拳击技术和战术，有效击中对手的次数决定的。

比赛时面对瞬息万变的场上情况，要求拳手在极短的时间内准确地了解对手的基本状况，同时还要在最短的时间内迅速做出相应的判断，并且采取行动。利用身体强有力的能力，娴熟多变的技术实行进攻、防守和反击。拳击运动对拳手的身体素质、技战术运用能力、心理素质、智慧都提出了很高的要求，同时也对锻炼拳手的身心健康具有极大的价值。

现代拳击伴随着时代的发展而不断地发展变化，特别是近10多年的变化非常明显。2008年北京奥运会拳击比赛时，只有男子11个量级的比赛，而且规则规定运动员必须佩戴头盔；胜负的判定由1名台上裁判员和5名台下评判员的评分决定：5名台下评判员当中，3名评判员在1秒之内同时认定得分才是有效分数，4回合比赛结束，得分多者为胜方。2012年伦敦奥运会男子拳击由4回合的比赛改为3分钟3个回合；比赛的量级由原来的11个改为10个量级，增加了女子51公斤级、60公斤级和75公斤级。2013年国际业余拳击协会又做了重大改革，为了增加拳击的观赏性，成年男子拳击比赛运动员不允许佩戴头盔，成年女子拳击比赛由原来的2分钟4个回合改为3分钟3个回合；判定胜负的标准也发生了巨大的变化，采用10分制标准；台下5名评判员每回合胜方10分、负方9分或8分，双方实力悬殊情况下负方可以得7分，3个回合比赛得分结果，5名评判员最后给出的分数高且多者为胜方。2018年国际业余拳击协会再次对拳击比赛的量级进行修改，男子由10个量级缩减到目前的8个量级：52公斤、

注：拳击比赛的量级通用单位为公斤。

57 公斤、63 公斤、69 公斤、75 公斤、81 公斤、-91 公斤和 +91 公斤；女子奥运会比赛量级由 3 个增加到 5 个：51 公斤、57 公斤、60 公斤、69 公斤和 75 公斤。

我国的拳击运动始于 19 世纪末 20 世纪初，早期参与拳击训练的人口很少，而且都集中在几个大城市。1949 年新中国成立以后，拳击运动蓬勃发展，涌现出许多优秀的拳手。由于拳击运动深受人们的喜爱，全国很多条件不具备的地方也轰轰烈烈组建队伍，进行拳击的训练，举办比赛。因为教练员和裁判员的匮乏，拳击运动在发展早期遭遇了危机，一度被叫停，直到 1986 年这项运动才得以恢复。由于停顿时间太久，基础非常薄弱，中国拳击的水平与世界先进水平存在很大差距。为了能有效快速地追赶世界拳击先进水平，原国家体委及各省市都相继举办了教练员、裁判员学习班，我是最早的一批教练员，多次参加国内和国际教练员学习班的学习和研讨。由于工作中认真学习与钻研世界先进的拳击技术、战术，学习拳击强国的训练理念，不断扩大拳击的视野，探索适合我国拳击运动员的训练方法和手段， 2001 年和 2002 年分别培养出中国女子拳击参加世界锦标赛第一个冠军张毛毛，第二个世界锦标赛冠军张喜燕，特别是张喜燕在比赛中过关斩将，用完美的技术、战术和能力折服了观众和裁判，被世界拳击锦标赛组委会评为唯一的技术风格奖。此奖项标志着中国拳击进入一个新的历史时期。在不断地总结经验教训，认真地贯彻"三从一大"科学训练的原则基础之上，带领运动员继续取得优异的运动成绩，得到国家体育总局重竞技管理中心、拳击跆拳道运动管理中心、武术管理中心的重视，多次被调入国家拳击队任副总教练、总教练、教练组组长等职务，特别是 2005 年～ 2008 年备战北京奥运会周期，我被任命为副总教练兼任大级别组组长。在我们教练组的共同努力下，大级别组的张小平取得奥运会 81 公斤级金牌，张志磊取得 +91 公斤级的银牌。

回顾 30 多年的拳击教练生涯，有苦有甜，我为我选择拳击教练工作感到自豪。因为我为中国拳击事业的发展贡献了自己的微薄之力。现将自己多年从事拳击教学与训练工作积累下的经验撰写成书，这本书能为从事拳击运动的运动员、教练员及普通的拳击爱好者提供帮助，是我最大的心愿。

沈阳体育学院教授、国家拳击队教练

2018.12.28

在线视频
访问说明

本书提供拳击技战术动作练习的在线视频，您可通过微信"扫一扫"，扫描书中的二维码进行观看。

步骤 1　点击微信聊天界面右上角的"+"，弹出功能菜单（见图1）。

步骤 2　点击弹出的功能菜单上的"扫一扫"进入该功能界面，扫描右边的二维码。

步骤 3　如果您未关注微信公众号"动动吧"，扫描后会出现"动动吧"的二维码。

请根据说明关注"动动吧"，并点击"资源详情"（见图2），进入视频观看界面，观看本书视频（见图3）。

如果您已关注微信公众号"动动吧"，扫描二维码后可直接进入本书视频观看界面。

图1

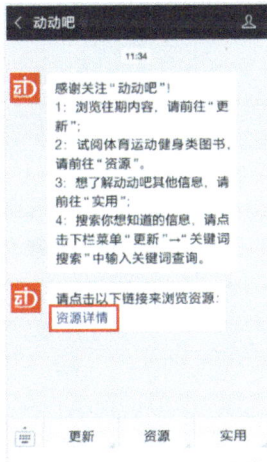

图2

图3

目录

第1章　拳击知识概述

01 奥林匹克业余拳击的
开展 / 2

02 拳击场地 / 5
拳击台 /5
裁判员座位 /6
仲裁和技术代表座位 /6
医务仲裁和计时员座位 /7
点录处位置 /7

03 拳击常用器材 /8
沙袋 /8
　圆柱形 /9
　梨形 /9
　长圆形 /10
拳击手套 /10
打沙袋手套 /11
头盔 /11
手靶 /12
胸靶 /12

平衡垫 /13
腹肌训练轮 /13
跳绳 /14
哑铃 /14
帽球 /15
梨球 /15
弹簧球 /16
六棱球 /16
实心球 /17
瑞士球 /17
皮筋 /18
　空击阻力皮筋 /18
　腿部训练阻力皮筋 /18
拖力带 /19
拳击立式人形靶 /19

04 拳击比赛装备 /20
比赛服装 /20
　男选手服装 /20

女选手服装 /21
头盔 /21
护手绷带 /23
比赛用的拳击手套 /25
拳击鞋 /26
男用护裆 /26
女用头巾 /27
护齿 /27

05 拳击规则 /28
业余拳击规则 / 28

06 业余拳击量级的
划分 /29
业余拳击量级
划分 /29

第2章　拳击技术动作

01 拳击基本姿势 /32
右势 /32
左势 /33
02 拳击基本技术动作 /34
步法 /35
　前滑步 /35
　后滑步 /36

左滑步 /37
右滑步 /38
冲刺步 /39
前滑并步 /40
后滑并步 /41
环绕步 /42
斜进步 /43

拳法 /44
　直拳 /44
　刺拳 /45
　摆拳 /47
　上勾拳 /49
　平勾拳 /51

第3章　拳击防守方式

**01 头部和躯干的
防守 /54**
左侧闪防守 /54
右侧闪防守 /55
左摇避防守 /55
右摇避防守 /56
后闪防守 /57
下潜防守 /57

02 手臂防守 /59
前手拍击 /59
后手拍击 /59
前手阻挡 /60
后手阻挡 /60
前臂阻挡 /61
后臂阻挡 /61
两臂封闭式阻挡 /62
臂肩阻挡 /62

**03 步法控制距离
防守 /63**
后撤步 /63
左侧滑步 /64
右侧滑步 /65
左环绕步 /65
右环绕步 /66

第4章　拳击迎击方式

01 前手直拳迎击 /68　　**03** 前手摆拳迎击 /70　　**05** 前手上勾拳迎击 /72

02 后手直拳迎击 /69　　**04** 后手摆拳迎击 /71　　**06** 后手上勾拳迎击 /73

第5章　拳击入门技术40例

01 进攻与拍击反击 /76
对练 1 /76
对练 2 /77
对练 3 /78
对练 4 /79

02 进攻与阻挡反击 /80
对练 5 /80
对练 6 /81
对练 7 /82
对练 8 /83

03 进攻与格挡反击 /84
对练 9 /84
对练 10 /85
对练 11 /86
对练 12 /87

04 进攻与两臂封闭式反击 /88
对练 13 /88
对练 14 /89

对练 15 /90
对练 16 /91

05 进攻与臂肩阻挡反击 /92
对练 17 /92
对练 18 /93
对练 19 /94
对练 20 /95

06 进攻与侧闪反击 /96
对练 21 /96
对练 22 /97
对练 23 /98
对练 24 /99

07 进攻与摇避反击 /101
对练 25 /101
对练 26 /102
对练 27 /104
对练 28 /105

08 进攻与后闪反击 /107
对练 29 /107

对练 30 /108
对练 31 /109
对练 32 /110

09 进攻与下潜反击 /111
对练 33 /111
对练 34 /112
对练 35 /113
对练 36 /114

10 进攻与步法反击 /115
对练 37 /115
对练 38 /116
对练 39 /117
对练 40 /118

第6章　拳击高级战术 40 例

01 进攻与反击 /122

对练 1 /122
对练 2 /124
对练 3 /125
对练 4 /127
对练 5 /128
对练 6 /130
对练 7 /131
对练 8 /133
对练 9 /134
对练 10 /136
对练 11 /137
对练 12 /139
对练 13 /140

对练 14 /141
对练 15 /142
对练 16 /144
对练 17 /145
对练 18 /146
对练 19 /147
对练 20 /149

02 防守与反击 /151

对练 21 /151
对练 22 /152
对练 23 /154
对练 24 /155
对练 25 /156
对练 26 /157

对练 27 /159
对练 28 /160
对练 29 /161
对练 30 /163
对练 31 /164
对练 32 /166
对练 33 /167
对练 34 /169
对练 35 /170
对练 36 /172
对练 37 /173
对练 38 /175
对练 39 /177
对练 40 /179

第7章　拳击中近距离和围绳边、围绳角战术 15 例

01 中近距离战术 /184

对练 1 /184
对练 2 /185
对练 3 /186
对练 4 /188
对练 5 /189

02 围绳边战术 /191

对练 6 /191
对练 7 /192

对练 8 /193
对练 9 /195
对练 10 /197

03 围绳角战术 /199

对练 11 /199
对练 12 /201
对练 13 /202
对练 14 /203
对练 15 /205

第8章 打手靶的方法

01 前手刺拳 /208

02 前手直拳 /209

03 后手直拳 /210

04 前后手直拳两连击 /211

05 前手摆拳 /212

06 后手摆拳 /213

07 前后手直拳、前摆拳三连击 /214

08 前手上勾拳 /215

09 后手上勾拳 /215

10 前后手直拳、前摆拳、后手上勾拳四连击 /216

11 前手平勾拳 /217

12 后手平勾拳 /218

13 前后手直拳、前摆拳、后手上勾拳、前平勾拳五连击 /219

第9章 打沙袋的方法

01 前手刺拳 /222

02 前手直拳 /223

03 后手直拳 /224

04 前后手直拳两连击 /225

05 前手摆拳 /226

06 后手摆拳 /227

07 前后手直拳、前摆拳三连击 /228

08 前手上勾拳 /229

09 后手上勾拳 /230

10 前后手直拳、前摆拳、后手上勾拳四连击 /231

11 前手平勾拳 /232

12 后手平勾拳 /233

13 前后手直拳、前摆拳、后手上勾拳、前平勾拳五连击 /234

拳击问答 /236   作者介绍 /245

第1章

拳击知识概述

拳击是一项对抗性极强，需要两名选手运用拳头、利用脚步移动进行搏斗的体育运动项目。这项运动对拳手的技术要求规范，对战术要求变化，对身体要求力量、耐力、协调、灵敏，对心理素质要求过硬强大，对头脑要求判断准确、聪明、智慧，因此很多人将拳击运动项目视为"体育运动项目之王"。

01

奥林匹克业余拳击的开展

公元 404 年，拳击运动在世界范围内被禁止。直到 1693 年，拳击才慢慢在英国兴起。1747 年英国人约翰·布劳敦发明了最初的拳击手套，并且制定了简单的拳击规则。1867 年约翰·肖尔托·道格拉斯在英国正式出版了拳击比赛规则用书，将拳击比赛按运动员体重分为轻、中、重三个级别。

现代拳击运动始于 1904 年，在美国圣路易斯举行的第三届夏季奥运会上，拳击被列为奥运会正式的比赛项目，拳击比赛分为 7 个级别。1908 年第四届奥运会在英国伦敦举行，拳击比赛分为 5 个级别。1920 年第七届奥运会在比利时的安特卫普举行，拳击比赛级别增加到 8 个级别。1946 年 11 月 28 日国际业余拳击联合会（国际拳联，英文简称 AIBA）正式成立，此联合会是目前参加奥运会拳击比赛的唯一合法主管机构。但是国际奥委会于 2019 年 6 月 24 日召开会议，停止国际拳联的工作。组织参加 2020 年东京奥运会的工作由国际体操联合会代管。

拳击运动于 19 世纪末 20 世纪初在中国沿海城市兴起。当时中国最著名的教练是陈汉强先生，他是中国拳击运动的先驱。在他的培养下，郑吉常、郭庆芳、杨绳祖等人成为中国拳坛的重要人物。19 世纪 30 到 50 年代中国拳击运动在全国兴起，周士彬、张立德、王守信、王国钧、叶来鸿、王修纯、徐晋生等人都是全国冠军。直到 1958 年拳击比赛开展得如火如荼，但是由于教练培训工作不足，缺少科学的训练方法、手段和措施，以及裁判员对比赛规则的执行出现失误，拳击比赛被取消，拳击运动被迫停止训练和比赛。直到 1986 年原国家体委才正式恢复了拳击运动。

在老一辈拳击工作者的不断努力下，中国拳击运动自恢复后逐步走上了正规发展的轨道。1988 年在韩国汉城（现为首尔）举办的奥运会上，刚起步的中国拳击在王国钧教练的带领下参加比赛，拳击运动员刘栋取得了 60 公斤级的第 5 名；2004 年李青生总教练带领国家拳击队参加了希腊雅典举办的奥运会，邹市明取得 48 公斤级铜牌。在国家体育总局拳击跆拳道运动管理中心的正确领导下，中国拳击运动井喷式的发展，2005 年～ 2008 年国家拳击队张传良任总教练，高振国、董延江任副总教练，高振国兼中大级别组组长，董延江兼中小级别组组长，李青生领队兼副总教练。2008 年北京奥运会，高振国、朝鲁、谷锦华、阿不力克木共同带领的大级别组取得 81 公斤级金牌一枚（张小平）、91 公斤以上级银牌一枚（张志磊）、69 公斤级铜牌一枚（哈那提斯拉木）。张传良、董延江、汤尔民等教练带领的小级别取得了一枚金牌（邹市明）、第 5 名两人（胡青和李洋）。此后中国拳击运动方兴未艾，不断的在国际大赛中取得优异成绩。

随着世界业余拳击的普及与开展，国际业余拳击联合会的成员增加到 209 个。根据奥运会比赛项目的章程，参加奥运会比赛所有项目本着男女平等的原则，在 2012 年伦敦奥运会中，女子拳击 51 公斤级、60 公斤级、75 公斤级三个级别首次成为正式比赛项目。

中国女子拳击运动 20 世纪 90 年代初开始兴起，沈阳、哈尔滨、长沙、武汉、上海等地涌现出众多女子拳击运动员，1997 年在沈阳体育学院何正芳、高振国教授宣传和组织下，自筹资金，经原国家体委同意，举办了第一届全国女子拳击邀请赛。9 个单位的 34 名运动员参加了该项赛事（实际只有 4 个单位，沈阳体育学院的运动员分别代表 4 个单位）。由于参加人数少，比赛只设 6 个级别。1998 年 10 月沈阳体育学院在原国家体委的支持下，自筹资金，举办了第二届全国女子拳击邀请赛，10 支运动队，共计 42 名运动员参加了该项赛事。

为了在世界范围内推动女子拳击运动的开展，使女子拳击早日进入奥运会，2001 年国际业余拳击联合会在美国举办了第一届世界女子拳击锦标赛。2002 年在土耳其举办了第二届世界女子拳击锦标赛。中国女子拳击在国家体育总局拳击跆拳道运动管理中心大力支持下，组建了国家女子拳击集训队，分别由何正芳和高振国教授负责，通过认真准备、科学训练，沈阳体育学院的张毛毛取得了世界锦标赛 57 公斤级金牌，她成为中国拳击世界冠军第一人，沈阳体育学院运动员张喜燕取得了第二届世界拳击锦标赛 54 公斤级的金牌，被赛会评为最佳技术风格奖。由于中国女子拳击陆续在国际大赛上取得优异成绩，极大地鼓舞和推动了中国拳击运动的开展。2012 年女子拳击被列为奥运会比赛项目。2013 年女子 51 公斤级、60 公斤级、75 公斤级被列入全国运动会拳击比赛项目。从此中国男女拳击运动的开展进入了快速发展的新阶段。

奥运会中国拳击比赛奖牌分布

时间	金牌	银牌	铜牌
2004 年雅典奥运会			邹市明 48 公斤级
2008 年北京奥运会	邹市明 48 公斤级 张小平 81 公斤级	张志磊 +91 公斤级	哈那提斯拉木 69 公斤级
2012 年伦敦奥运会	邹市明 49 公斤级	任灿灿（女子）51 公斤级	李金子（女子）75 公斤级
2016 年里约奥运会		尹军花（女子）60 公斤级	任灿灿 51（女子）公斤级 李倩（女子）75 公斤级 胡建关（男子）52 公斤级

拳击场地

在奥运会拳击比赛、世界拳击锦标赛、亚洲拳击锦标赛等多种国际比赛中都要按照国际拳联的规定设置拳击场地。

▼拳击台

专门用于进行拳击比赛的场地称为拳击台。拳击台的形状为正方形，四周用三条或四条绳子围起，在方形的四角用角柱加以固定连接，同时拳击台的构建也具有一定的标准，围绳内的方形面积最小不能低于 4.90 米 ×4.90 米，最大不能超过 6.10 米 ×6.10 米。台面与地面之间的高度范围在 91 ～ 122 厘米，台面从围绳开始向外延伸至 46 厘米以上。

在拳击比赛中，比赛双方会被认定为红方和蓝方分别计分，因此在拳击台上要设立两个中立角（白色角）、一个红色的角柱和一个蓝色的角柱。

拳击台的台面要结实平整，并且要铺有不超过 2 厘米厚的橡胶垫或毡子保证软硬适中，表面平贴一层帆布，不影响运动员动作的发挥。为了避免拳击台四周的围绳对运动员造成擦伤，要使用光滑柔软的材质包裹围绳，围绳一般选用直径为 3 ～ 5 厘米的粗绳，三根围绳自下而上距离台面的距离分别为 40 厘米、80 厘米、130 厘米。若使用四根围绳，则自下而上距离台面的距离分别为 40.6 厘米、71.1 厘米、101.6 厘米和 132.1 厘米。为保证绳子的稳固，要将四周的围绳用宽度为 3 ～ 4 厘米的帆布以相同的距离上下固定。每一个侧面有两个固定点。

拳击台设三个台阶。红角、蓝角和一处中立角，供运动员、助手、裁判员和医生使用。在两个白色的中立角的柱子外侧各备一个小塑料袋，供台上裁判员使用。

拳击台

以拳击台外延为中心，拳击台四周应有宽度不小于 3 米的中立区，作为工作人员的工作区域。

▼裁判员座位

裁判员要分别位于拳击台的四周，距离拳击台 1 米。仲裁位置前面拳击台左侧为 1 号裁判员；在仲裁位置正对面有两位裁判员，分别为 2 号裁判员和 3 号裁判员；仲裁位置拳击台右侧为 4 号裁判员；仲裁位置前面为 5 号裁判员。

5 位裁判员从 4 个不同的位置根据运动员准确有效的击打次数以及控制比赛能力、竞争能力的情况分别进行评分。同时也要求裁判员以客观的事实作为评分依据，懂得拳击技术与战术，掌握丰富的拳击知识，在一定情况下可以根据自身经验做出正确判断，从而评定出比赛的胜负。胜方 10 分，负方 9 分；如果胜负悬殊，负方 8 分或 7 分。

▼仲裁和技术代表座位

仲裁委员会位于 5 号裁判员的身后方向，与主席台相对。仲裁委员会是由来自不同单位的 3 ~ 9 人组成，仲裁委员会成员必须精通比赛规则，并且具有裁判工作经验。仲裁委员会要保证比赛规则的正确执行以及比赛的正常进行，并对裁判员及相关工作人员进行考核监督，每个仲裁委员都有详细的分工。

技术代表位于拳击台右侧在 4 号裁判员身后方向。在比赛中要负责对仲裁委员会和竞赛技术的全面指导与监督。

▼ 医务仲裁和计时员座位

医务仲裁位于仲裁委员会的对面位置。依据拳击比赛医务规则执行工作，了解比赛规则，认真检查运动员的身体状况。在比赛过程中要确保医疗用品齐全，当确认运动员受伤不能继续比赛时，可行使医务仲裁的权利，终止本场比赛，并随时记录运动员的健康状况。

计时员与 4 号裁判员同侧，和中立角相邻，利用锣、钟和铃声来宣布比赛的开始和结束。担任计时员的人员必须是等级裁判，计时员在工作过程中必须集中注意力准确记录时间，保证比赛进程。

▼ 点录处位置

在比赛中只设置一处点录处，不允许设置在比赛场地里面（具体位置如下图

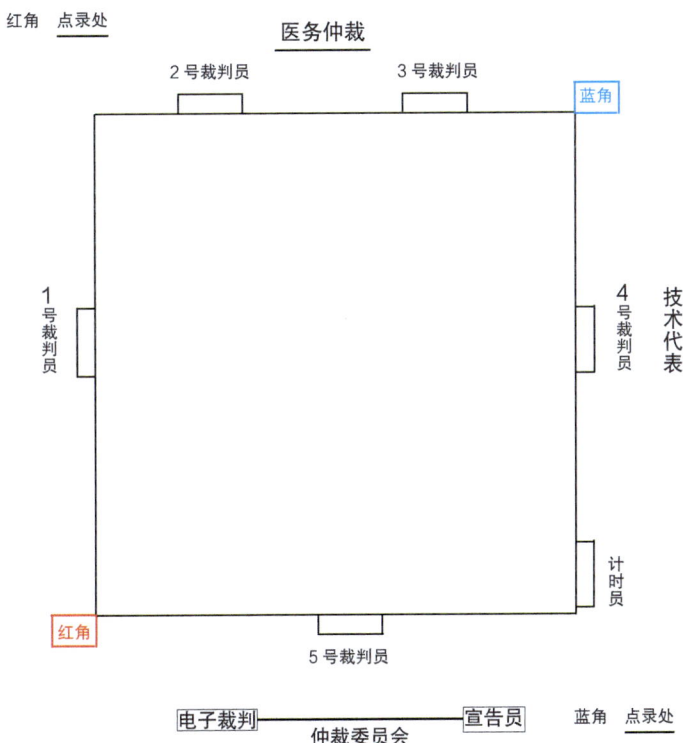

拳击比赛工作人员工作区域的划分

所示）。点录处应有2～3名工作人员，一人负责赛前不同比赛级别的点名以及运动员佩戴的护手绷带和发放比赛拳套与比赛服装的检查，另外一人负责对可以比赛的运动员做最后的盖章确认并监督运动员按时到场比赛。

03

拳击常用器材

本节内容主要对拳击训练的常用器材进行介绍。作为拳击运动的学习者，要对训练所需的用品有一定的认识，若为初学者可以先使用基础的装备，随着拳击技术的不断提高再进行更换。

▼沙袋

拳击沙袋的材质一般分为帆布、牛津布、仿皮和皮4种类型。在训练中所用的沙袋有实心、空心和水沙袋3种，实心沙袋会使用沙子、锯末、谷物等材料进行填充。根据沙袋的大小和适用范围又分为几种不同的类型。

● 圆柱形

圆柱形沙袋

　　器材介绍： 标准的圆柱形沙袋内部装的是布片、丝绵等较软材料做成的胆包，沙袋表面用皮革或仿皮包裹。沙袋高约 100 厘米，直径为 30 厘米，重量为 15 ~ 20 千克。一般用绳索或铁链吊起。

　　器材功用： 主要发展运动员的身体力量，提高全身的协调性；更重要的是可以有效增强手臂等肢体的专项击打力量。同时也可以通过打沙袋训练技术和战术。训练过程中要使用拳击手套或击打沙袋的专用手套。

● 梨形

梨形沙袋

　　器材介绍： 其外形为梨形，上细下粗。材质、制作方法与圆柱形沙袋相同。

　　器材功用： 主要锻炼运动员的耐力、出拳速度及攻击准确性。根据其外形特征可以针对不同拳法进行练习。

● 长圆形

长圆形沙袋

器材介绍：用绳索将沙袋横向吊起，与圆柱形沙袋相似，质地较为柔软，直径约为 40 厘米。

器材功用：练习摆拳、勾拳等拳法时使用，可提高运动员的反应能力和控制能力，锻炼出拳速度和力度。

▼拳击手套

拳击手套

器材介绍：质地柔软，其材质一般为皮质，多为真皮和超纤皮等。使用乳胶海绵、硅胶等作为填充物。

器材功用：拳击手套可以在训练、比赛过程中对运动员的手指和手腕关节进行保护，柔软的材质可以缓解碰撞的力度，避免运动员在训练时受伤。国际拳击业余组织的运动员 64 公斤级以下级别的比赛使用 10 盎司的拳击手套，69 公斤级以上级别的比赛使用 12 盎司的拳击手套。

▼打沙袋手套

打沙袋手套

器材介绍：制作材料与拳击手套相同，但比拳击手套薄，结构简单。

器材功用：主要用于打沙袋训练。在进行打沙袋训练时，建议配合绷带使用会更好地保护手腕和手部皮肤，保证训练过程的安全性。

▼头盔

头盔

器材介绍：头盔的材质与手套相同，使用的填充物为硅胶、乳胶海绵等类似的材质。

器材功用：头盔可以对运动员的头部、耳朵和面部起到保护作用，在比赛和训练中避免运动员的头部受到伤害。

在训练时要选择佩戴大小合适的头盔才可以达到安全保护的目的。

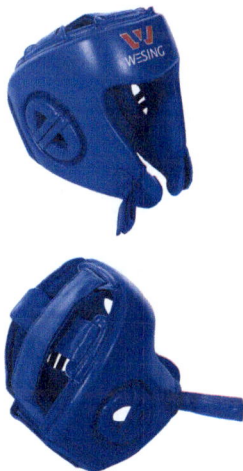

▼ 手靶

手靶

器材介绍：手靶的形状为椭圆形或圆形，击打位置为手靶中心的圆圈。在训练时教练员或陪练将手靶戴在手上，作为被击打目标。

器材功用：击打手靶训练可以锻炼运动员的反应能力和击打速度、能够提高进攻技术和战术以及防御技术和步法移动。此项练习可以增强运动员出拳的准确性、节奏感，提高技术动作的标准性。

▼ 胸靶

胸靶

器材介绍：胸靶表面材料一般选用 PU 皮革，内部填充物为高密度海绵，软硬适中，使持靶者也得到了保护。胸靶是手靶与沙袋特点相结合的产物。

器材功用：利用胸靶进行训练，可以锻炼运动员的灵活移动能力，也可以改善拳手不同拳法的出拳姿势、力度。可着重对重拳进行练习。

▼平衡垫

平衡垫

器材介绍： 一般选用 PVC 材料制作，内部为空心结构，表面有颗粒状的摩擦点，使用前需要充气。

器材功用： 平衡垫主要用于提高人体的平衡能力，也可以使人体的核心力量得到锻炼。同时它也锻炼了脚踝、膝盖的力量和稳定性。

▼腹肌训练轮

腹肌训练轮

器材介绍： 腹肌训练轮中间的轮子可以自由转动，旁边有两个把手。训练时向前方滚动，利用腹部力量再收回到原来的位置。

器材功用： 腹肌训练轮的设计原理可以使腹肌力量得到针对性的锻炼，同时也对肩带的柔韧训练具有良好的作用。

▼ 跳绳

跳绳

　　器材介绍： 跳绳是拳击训练中常用的训练器材，其制作材料为塑料或皮革。跳绳的长度要根据运动员的实际身高进行调整。一般情况下，跳绳两端到腋窝处为宜。

　　器材功用： 利用跳绳可以锻炼运动员的腿部、踝关节和脚部力量，增强耐力，提升移动速度，练习步法和整体动作的协调性。

　　随着熟练程度的增加，可变换不同的跳法，掌握步法的移动节奏，提高身体的灵活性。在训练过程中要有必要的防护措施避免踝关节受到损伤。

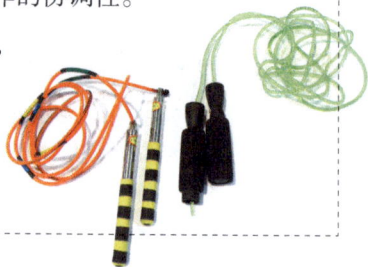

▼ 哑铃

哑铃

　　器材介绍： 哑铃是针对肌肉力量训练的器材。哑铃的制作材料为铸铁外层用橡胶包裹。根据体积大小分为轻哑铃和重哑铃。轻哑铃的重量一般为6磅、8磅、10磅、12磅（1磅＝0.45千克），重哑铃的重量一般为10千克、15千克、30千克等。

　　器材功用： 运动员手握哑铃呈站立、蹲姿或平躺的姿势快速重复拳击打击技术动作，可以有效地增加肌肉力量，提高肌肉协调性。变换训练动作进一步增强腰腹和上肢的协调发力能力。哑铃训练是拳击运动员、爱好者最直接、效果最明显的速度力量训练手段之一。

▼帽球

帽球

　　器材介绍：帽球是一种头戴式的拳击速度球，用拉力绳的两端分别连接头带和弹力球，运动员需将其戴在头上进行训练。

　　器材功用：运用帽球进行训练可以进一步提高运动员的反应能力和出拳速度，锻炼眼睛与手的协调能力。可以准确控制出拳力度和攻击方向，增加肌肉弹性。帽球的练习与其他速度球相比难度较大，对运动员的技能要求就更高。如果帽球训练和脚下步法配合运用，将会很大程度地提高手、眼、身、步的协调能力。

▼梨球

梨球

　　器材介绍：梨球是速度球的一种，外形似梨形故称为梨球。梨球分为悬挂式和落地式。

　　器材功用：在拳击训练中一般使用悬挂式梨球进行单手和两手的不同拳法练习，掌握正确的出拳节奏，促进动作的整体协调性，提升运动员上肢的力量和耐力及击打的准确性。

▼ 弹簧球

弹簧球

器材介绍：弹簧球是一种上下被拉扯的速度球，类似于沙袋是一个移动的攻击目标，更接近实战情况。

器材功用：着重训练运动员的躲避与攻击速度，提高手眼的协调能力和对距离的掌控能力，也是预判训练和准确性训练的有效手段。

▼ 六棱球

六棱球（六角球）

器材介绍：六棱球顾名思义其外形有六个角，大多数使用乳胶制成，所以极具弹性。

器材功用：六棱球用来锻炼运动员的反应能力和手眼的协调性。六棱球被抛出再次反弹，其六个棱角的存在导致运动员并不能准确判断其反弹的方向，这就需要运动员保持注意力的高度集中，提高反应速度，才能准确接到球。

▼实心球

实心球（药球或重力球）

器材介绍：实心球一般由橡胶制成，具有较好的弹性且质地坚固，可以进行多种动作形式的锻炼。同时其重量从 1 ~ 10 千克不等，可供不同体重的运动员选择。

器材功用：实心球是一种用于肌肉训练和力量训练的锻炼器材。在拳击训练中可以使运动员的核心肌群得到锻炼，也可以增加身体各部位肌肉的耐力、爆发力和协调性。

▼瑞士球

瑞士球（健身球）

器材介绍：瑞士球使用 PVC 材质制作，为空心结构，使用前需充气，是一种极为实用的锻炼器材。瑞士球柔软轻巧且极具弹性，承受能力极强。

器材功用：因为瑞士球自身具有不稳定性，可以使运动员的平衡能力得到锻炼，并对核心肌群的功能进行强化从而使身体更加稳定。

▼皮筋

皮筋一般由橡胶、乳胶制成，极具弹性。在锻炼中所用的皮筋又分为很多种类，针对不同部位的训练进行选择。下面介绍两种训练所用的阻力皮筋。

● 空击阻力皮筋

空击阻力皮筋

器材介绍：运动弹力皮筋的一种，主要用于空击训练。弹性强。

器材功用：运动员已经熟练掌握空击的基础技术后，要进一步提高出拳和收拳的速度、力量以及技术动作的规范性，利用空击阻力皮筋就可以很好地达到训练目标。

● 腿部训练阻力皮筋

腿部训练阻力皮筋

器材介绍：主要用于运动员针对腿部力量的训练中，长度较长。在练习过程中将两端分别固定于脚踝处，并将皮筋固定。两腿可变换多种动作进行训练。

器材功用：可有效地锻炼腿部肌肉力量，增强腿部爆发力，提高移动速度和敏捷性，同时使腿部关节更具稳定性。

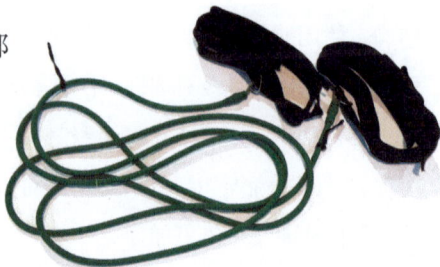

▼拖力带

拖力带

器材介绍：一般用天然乳胶制成，坚固且弹性好。作为运动员训练过程中常用的辅助器材。

器材功用：可以帮助运动员增强身体活动能力和灵活性，使身体肌肉得到充分的拉伸，强化核心区和腿部的肌肉力量。

拖力带还可以与其他器材配合使用，针对身体的不同位置选择恰当的训练方法，从而达到最好的训练效果。

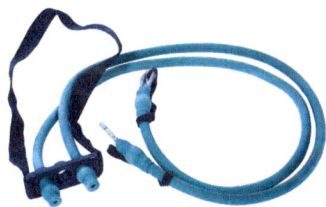

▼拳击立式人形靶

拳击立式人形靶

器材介绍：立式人形靶与立式沙袋的功能基本相同，立式人形靶的特点在于制作材料为硅胶，击打效果更接近实战，训练效果更好。其次有底座作为支撑更为牢固。

器材功用：更有利于力量的施展以及步法和身体移动的训练，训练过程中也要将拳法和步法相结合进行练习。模拟假想对手训练效果更好。

04

拳击比赛装备

　　根据拳击运动相关组织的规定，运动员在比赛中所使用的装备也必须符合一定的标准。由于比赛的组织机构、等级、形式的不同所使用的装备也有差别。

▼比赛服装

　　在拳击比赛中，要求双方运动员必须穿着符合比赛规则的服装。男子比赛服装与女子比赛服装存在一定的差异。

● 男选手服装

男选手服装

　　装备介绍：男选手比赛服装由拳击背心和拳击短裤组成，多为红蓝两种颜色。要求拳击背心的松紧度适中，不可过紧也不可过于肥大，否则会对技术动作的发挥产生影响。拳击短裤要足够宽松不影响腿部运动，一般长度要到大腿中部位置，可以对护裆起到遮挡作用同时也不影响比赛。拳击短裤的上部必须有不同于短裤颜色的标志带（白色或红色）。标志带以下部位是被禁止击打的。

拳击背心

标志带

拳击短裤

● 女选手服装

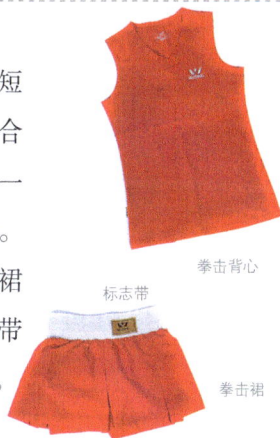

女选手服装

　　装备介绍：女选手比赛服装由拳击背心和拳击短裙或短裤构成，也分为红蓝两种颜色。同样要选择合适大小的拳击背心，保证动作的正常发挥。女选手一般穿着拳击裙进行比赛，一般长度位于大腿中间位置。除拳击裙外，女选手也可以穿拳击短裤。拳击短裙或短裤的上部必须有不同于短裙或短裤颜色的标志带（白色或红色）。标志带以下部位是被禁止击打的。

拳击背心

标志带

拳击裙

▼头盔

　　在业余比赛中规定，男子成年运动员不用佩戴头盔，女子运动员和男子青少年运动员必须佩戴头盔。比赛双方所使用头盔的规格、样式基本要一致，分为红、蓝两色，与拳击台角的颜色保持统一。比赛中所使用的头盔都必须通过拳击协会的认定和批准。头盔的佩戴如图所示。

01

❶

❷

两手持头盔，戴在头上，让头盔尽量贴合头部。要选择适合头部大小的头盔，才能发挥保护头部的作用。

02

根据自己头围的大小，将头盔后面的尼龙扣调节到合适位置，包裹住头部。要注意粘贴牢固，以免在比赛过程中出现头盔松动的现象。

03

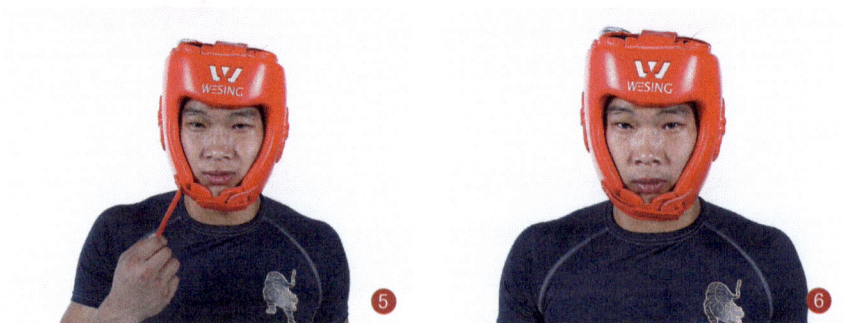

然后再固定下巴位置，同样也要粘贴牢固。同时确保头盔的松紧度适中，不可过紧或过松。佩戴头盔使运动员的头部、耳朵、脸颊等部位得到保护。

▼护手绷带

装备介绍：护手绷带是拳击比赛中必需的用具之一，多为棉纱材质制成，长度为 2.5 米，宽 0.05 米。它的一端是绳圈套在手指上，另一端是尼龙扣起固定作用。护手绷带在比赛时统一发放。

大拇指穿过绳圈，经手掌斜向手腕处，缠绕手腕两圈。

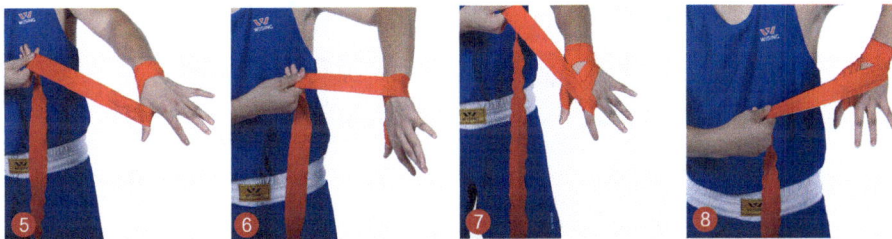

沿手腕缠绕两圈后，由下向上经虎口位置围大拇指关节处缠绕一圈或两圈。再经过掌心斜向缠绕手腕两圈。

将绷带顺势从小拇指一侧经手背向下绕过食指，从食指与中指之间穿过，交叉缠绕食指关节部位。经过食指与中指间向下绕过中指从中指与无名指之间向上，交叉围绕中指关节部位。依次以相同方式对其他手指关节进行交叉缠绕。

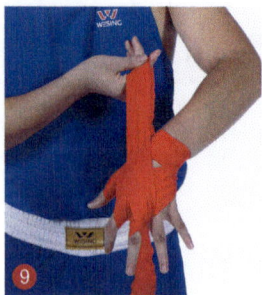

最后由小拇指侧经手背、手心围绕一至两圈，顺势将剩余绷带缠绕至手腕处，最后用尼龙扣固定结束。

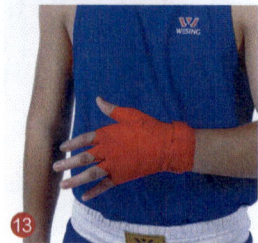

在缠绷带的过程中，不能过紧否则会使手腕的血液流通不畅，对手腕造成伤害。若缠绕过松容易在比赛过程中出现脱落和松动的情况，起不到保护腕关节、手指、拳峰的作用，影响比赛。在缠绕时要尽量保证绷带的平整。

▼比赛用的拳击手套

根据拳击运动相关组织的规定，拳击运动员在比赛过程中必须佩戴拳击手套。拳击手套的使用要根据拳击运动员的体重级别来进行区分，并且是所在的拳击协会批准和指定的器材。

10 盎司（0.28 千克）拳击手套

装备介绍：国际拳联公开拳击比赛的规定为男子 64 公斤以下级别和女子都使用 10 盎司拳击手套。

12 盎司（0.34 千克）拳击手套

装备介绍：69 公斤以上级别的男子以及国际拳联公开拳击赛成年男子比赛、国际拳联职业比赛等 69 公斤以上级别的必须使用 12 盎司拳击手套。

▼拳击鞋

拳击鞋

装备介绍：在拳击比赛中，运动员必须穿拳击鞋。拳击鞋具有较高的鞋帮，其鞋底相对较薄。

装备功用：拳击鞋高帮可以保护脚部踝关节，其鞋底的设计也可以使运动员灵活运动。穿拳击鞋可以很好地防止踝部和肌腱受到伤害，防止出现骨折情况。

▼男用护裆

男用护裆

装备介绍：在所有的男子拳击比赛中，运动员必须佩戴护裆对其进行一定的保护。同时护裆不可以遮挡腰部以上有效的击打部位。

装备功用：保护男运动员的下体，减少受伤的风险。

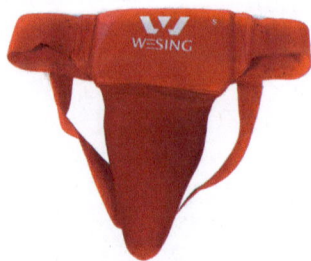

▼女用头巾

女用头巾

　　装备介绍：女用头巾通常选用质地柔软且不具摩擦性的材质。

　　装备功用：目的是将女选手的头发进行固定，避免拳击运动员在比赛过程中头发阻挡视线受到干扰，影响比赛。

▼护齿

护齿

　　装备介绍：护齿是拳击比赛中必需的护具之一。一般为橡胶制成，可重复使用。在比赛中护齿的使用是强制性的，运动员若没有佩戴护齿则不得开始比赛。不能使用红色护齿，影响医务仲裁的判断。

　　装备功用：运动员要紧紧地咬住护齿从而固定下颌，使下颌得到保护。护齿可以减少冲击力，使运动员在受到猛烈撞击时口内的牙齿减少受伤的可能。

05

拳击规则

　　我国业余拳击规则主要参照国际拳联技术规则，该规则适用于国际拳联开展的包括 AOB 公开拳击赛和世界拳击联赛在内的所有比赛。该规则在世界范围内具有唯一性，所有国际拳击联合会会员协会、俱乐部以及国际拳联大家庭成员举办任何级别的比赛与活动中都必须遵守该技术规则。任何会员协会不能制定与之相悖的技术规则，但可以根据本国的法律或制度进行适度修改，特别是医务和安全的规定。

▼业余拳击规则

　　业余拳击的级别划分主要根据体重分级。业余拳击比赛的成年组运动员必须年满 18 岁。

　　所有比赛必须使用国际拳联"10 分制系统"。在所有国际拳联公开拳击赛中，每场比赛 5 位台下裁判员的位置由记分系统随机确定。每一回合比赛结束时，每位裁判员必须通过 10 分制记分打点决定该回合的获胜方。获胜方可得到 10 分，失败方可获得 9 分或者更少的分数，最低为 7 分。裁判员根据对手在该回合中所处的劣势程度来判分。每一回合必须评出获胜方。在世界拳击的 AOB 比赛中，5 名裁判员的打分分数全部被计入最终评分。世界个人职业拳击联赛（APB）和世界俱乐部职业拳击联赛（WSB）比赛中 3 名裁判员的打分分数计入最终评分。

每位裁判员根据以下标准为两名运动员独立记分：

击打有效部位有效拳的数量；运用技战术控制比赛的能力；竞争性。

裁判员必须使用以下标准进行回合打分：

10 比 9，双方实力相近；10 比 8，胜负明显；10 比 7，悬殊的比赛。

比赛结束，根据台下裁判员的评分判定获胜选手，该记分为每位裁判员每回合评分的总和。获胜可能是一致获胜或多数获胜。

业余拳击量级的划分

拳击比赛将运动员按照体重划分为不同的级别，再根据级别分别进行比赛。

▼业余拳击量级划分

业余拳击比赛量级划分如下表。

时间	男子拳击比赛量级划分	女子非奥运会量级划分	女子奥运会量级划分
2008 年以前 10 年左右	48 公斤以下级（含 48 公斤）	48 公斤级	
	51 公斤级（48 公斤以上～51 公斤）	51 公斤级	
	54 公斤级（51 公斤以上～54 公斤）	54 公斤级	

续表

时间	男子拳击比赛量级划分	女子非奥运会量级划分	女子奥运会量级划分
	57 公斤级（54 公斤以上～ 57 公斤）	57 公斤级	
	60 公斤级（57 公斤以上～ 60 公斤）	60 公斤级	
	64 公斤级（60 公斤以上～ 64 公斤）	64 公斤级	
	69 公斤级（64 公斤以上～ 69 公斤）	69 公斤级	
	75 公斤级（69 公斤以上～ 75 公斤）	75 公斤级	
	81 公斤级（75 公斤以上～ 81 公斤）	81 公斤级	
	-91 公斤级（81 公斤以上～ 91 公斤）	+81 公斤级	
	+91 公斤级（91 公斤以上）		
2010 年以后	49 公斤级	48 公斤级	51 公斤级
	52 公斤级	54 公斤级	60 公斤级
	56 公斤级	57 公斤级	75 公斤级
	60 公斤级	64 公斤级	
	64 公斤级	69 公斤级	
	69 公斤级	81 公斤级	
	75 公斤级	+81 公斤级	
	81 公斤级		
	91 公斤级		
	+99 公斤级		
2018 年至今	52 公斤级	48 公斤级	51 公斤级
	57 公斤级	54 公斤级	57 公斤级
	63 公斤级	64 公斤级	60 公斤级
	69 公斤级	81 公斤级	69 公斤级
	75 公斤级	+81 公斤级	75 公斤级
	81 公斤级		
	-91 公斤级		
	+91 公斤级		

第❷章
拳击技术动作

若想成为优秀的拳击运动员，应具备扎实的基本功和熟练的拳击技术战术，强大的心理素质和良好的心智。因此，在学习拳击前，先要了解拳击运动的基本姿势、技术动作，才能更深入地进行拳击运动的学习。

01

拳击基本姿势

　　拳击的基本姿势是所有学习拳击的人必须掌握的。拳击的进攻、反击和防守都是由基本姿势开始的。基本姿势要求运动员重心稳固、移动灵活，能攻能防，攻防互换自如。

▼右势

　　右势拳击姿势即左手在前、右手在后，使左手具有较大的出拳空间，右手可重拳击打的拳击姿势，是大多数拳击运动员的基本姿势。

01　侧面动作

两脚分开站立，与肩同宽；两手自然下垂，置于身体两侧。

02　侧面动作

两脚内侧间距一脚宽或 20 厘米左右

右脚向后撤步，前后脚脚掌撑地，脚跟略微抬起，两脚间距与肩同宽。两脚内侧间距一脚宽，前脚内扣 30°～45°。身体重心落于两腿上。

03

侧面动作

两膝微屈，保持重心稳定。

04

右拳靠近脸颊

侧面动作

双拳基本平行

前手屈肘90° 左右

后手屈肘小于90°

脚跟踮起

两手抬起，拳心相对，双拳与脸部保持平行，不能高于眼部，也不能低于下颌。左手在前，可率先出拳攻击；右手在后，拳置于下颌的侧面，拳心靠近面颊做防御准备。下颌略向内收紧，眼睛观察对手，身体稍侧向对手。

▼ 左势

左势拳击姿势即右手在前、左手在后，与右势相同但动作相反。

学习拳击的运动员都会形成自己的习惯姿势，在训练初期应保持同样的姿势进行练习。在熟练的掌握拳击的左势和右势的基础上，也可以左势换右势，右势换左势进行练习。

01

侧面动作

同右势动作相同，两脚分开站立，与肩同宽；两脚内侧间距一脚宽或20厘米左右。两手自然下垂，置于身体两侧。

02

侧面动作

左脚向后撤步，右脚在前。两脚前后距离与肩同宽。

两膝微屈，收腹含胸，重心位于两腿上 。

两手抬起，拳心相对，双拳与脸部保持平行，不能高于眼部，也不能低于下颌。右手在前，肘关节与地面垂直，做好攻击准备；左手在后，做防御准备和重拳击打准备。下颌略向内收紧，收腹含胸，眼睛观察对手，身体稍侧向对手。

02

拳击基本技术动作
（以右势为例，左势与右势动作相同，姿势相反）

在拳击运动中，想要成功进行有效的击打就要熟练掌握步法与拳法的技巧应用。拳王穆罕默德·阿里曾经说过，拳击运动是"七分步法，三分拳法"，可见步法在拳击中的重要性。

▼步法

在进攻与防守中拳击运动员都需要灵活的步法进行移动。在对战中双方都处在不断移动的过程中，在快速地移动中抓住机会攻击对手，同样也可以迅速躲避对方的攻击。

● 前滑步

前滑步可以用来配合各种拳法以前进的方式发起进攻，还可以调整自己与对手之间的距离，使自身占据优势位置。

01

侧面动作

由基本姿势准备，左脚在前。

03

侧面动作

两脚距离不变

后脚跟进

后脚快速向前跟进一步，恢复基本姿势。两脚间的距离仍保持与基本姿势相同。滑步时上体平稳，不能有大的晃动。

02

侧面动作

滑步高度离地面1厘米，不能过高，更不能跳跃

脚跟踮起

向前滑步

后脚的前脚掌短促蹬地，前脚向前滑出一步，滑出距离20 ~ 30厘米。

● **后滑步**

后滑步是一种退步防守和攻击的步法。一般多用于防御状态下，找准时机迎击或反击，也可以单纯性的防御。

01

侧面动作

由基本姿势准备，左脚在前。

02

侧面动作

后脚后撤一步

前脚蹬地，后脚向后撤退一步。后脚掌撑地，脚跟稍提起。滑步时上体保持平稳。

03

后滑步时两脚距离地面高度1厘米左右

侧面动作

两脚距离不变，后滑步的距离一般为 20 ~ 30 厘米

前脚迅速向后撤步恢复基本姿势。两脚间距离与开始动作一致。

● 左滑步

左滑步用于向左移动，同时拳击运动员可以在移动的过程中出拳进行攻击。在面对拳手时也可以向左移动来躲避对手的攻击。滑步移动时脚底要贴近地面滑动不可跳跃，离地面 1 厘米左右。

01

由基本姿势准备，左脚在前。

03

两脚距离不变

后脚快速跟进，身体重心落在两腿之间。移动过程中上体保持平稳，移动结束恢复基本姿势。

02

后脚脚掌向侧蹬地，前脚向左滑步 20～30 厘米

前脚贴近地面不能高于 1 厘米，向左侧快速滑动一步。

● **右滑步**

　　右滑步的动作要领与左滑步相同，但方向相反。同时需要注意的是，在移动过程中要以脚掌的内侧着地从而稳定重心，保持身体平衡。

01

侧面动作

由基本姿势准备，左脚在前。

02

右脚向右滑步，滑出
距离 20 ~ 30 厘米

前脚内侧用力蹬地，推动后脚率先向
右侧滑步。

03

侧面动作

两脚距离不变

前脚跟进

贴近地面滑行
不能高于 1 厘米

后脚落地后，前脚迅速跟进向右侧滑
步。两脚间仍保持肩宽距离，滑步结
束，重心落在两腿之间。

● 冲刺步

　　在实际对战中，可采用冲刺步进行长距离的击打。与前滑步相比，冲刺步滑动距离较大，移动时要将身体重心稍向前移，可增加前进速度。

01

侧面动作

由基本姿势准备，左脚在前。

03

侧面动作

重心平稳，
不能向上跳

前脚落地后，后脚迅速向前跟进，两脚间保持肩宽距离，恢复基本姿势。

02

侧面动作

冲刺步的进步
距离为 40 ~ 50
厘米

后脚蹬地，
前脚以脚尖
落地

后脚快速蹬地，同时前脚向前冲刺进步。冲刺步的移动，脚离地面越低越好。

● **前滑并步**

在实际对战过程中，采用直拳从远距离向对手发起攻击要运用前滑并步的步法。需要注意的是，左脚第一次滑进时距离不宜过长；右脚蹬地要迅速，中间不得有停顿。

01

侧面动作

由基本姿势准备，左脚在前。

02

侧面动作

后脚的前脚掌蹬地　　前脚向前滑进 20 厘米

后脚快速蹬地，前脚向前滑进 20 厘米左右，前脚掌撑地，内扣 30°～45°。

03

侧面动作

小于肩宽

前脚落地后，后脚迅速向前跟进。以后脚前内侧位置着地。两脚间距小于肩宽，便于再次蹬地前进步。

04

侧面动作

后脚的前脚掌蹬地

后脚蹬地　　前脚向前滑步

后脚快速蹬地，前脚向前滑进，前脚落地后，后脚迅速向前跟进。动作可连续进行。

● 后滑并步

在实际对战过程中，对手若猛扑进攻，可采用后滑并步配合反击或迎击对手。移动过程中动作要连贯，向后滑步时上身要保持平稳状态，不可向后仰。

01

由基本姿势开始，左脚在前。

03 小于肩宽

后脚着地后，前脚快速向后退步。同时与后脚保持小于肩宽距离。

02 后脚向后滑步

前脚蹬地，后脚向后退滑一步约 20厘米。

04 30 厘米左右

后脚向后退步

前脚迅速向后蹬地，后脚再次滑退一大步 30 厘米左右，身体重心平稳。滑步过程中两脚贴近地面。动作可连续进行，身体向后移动。

● 环绕步

在实际对战过程中，双方对峙或破坏对手的进攻节奏，可采用环绕步寻找对手的突破口，也可以躲避对手的攻击。环绕步的步法要始终保持弧形的路线，不可呈直线移动。

01

前脚滑步

由基本姿势开始，以后脚蹬地，前脚向左斜前方快速滑步移动。

02

顺时针转动

前脚落地后，后脚迅速向同一方向跟进，上身不可以起伏，应平稳地随之转动。后脚落地后，前脚继续向左侧弧形滑步。

03

前脚落地后，稍向顺时针方向转体，后脚落于前脚斜后位置。此时身体已经由基本姿势开始呈顺时针方向转动180°。

04

身体移动

前脚继续向左前方滑进，前脚落地后后脚跟进。身体始终随脚步平稳移动。

05

以相同方式继续移步，最后恢复基本
姿势。在移动过程中上身始终保持基
本姿势，脚步始终以弧形路线前进。

02

背面动作

20 ~ 30 厘米

两脚间距
扩大，后
脚跟提起

后脚蹬地，前脚迅速向身体左侧
斜向滑进一步，脚下移动距离
20 ~ 30 厘米。

● 斜进步

　　斜进步可以调整双方位置，让
自己优先占据有利位置。采取适当
的防御和攻击措施。脚步仍以滑步
前进的方式移动。可根据实际情况
向左侧或右侧斜向进步。

03

背面动作

前脚滑步落地后，后脚快速跟进一
步。恢复基本姿势，身体整体向左
斜前方移动。

01

背面动作

由基本姿势开始，左脚在前。

▼ 拳法（下面所有的拳法都是右架为例，左架动作相反）

拳法是拳击运动的基础，拳法的规范化决定着动作的质量。同时要配合腿部、腰胯和肩部的力量进行出拳。本节内容以右势拳手为基本姿势对不同拳法进行介绍。

● 直拳

直拳指的是从出拳到击中目标，一直沿直线进行运动的击打方式。直拳作为拳击技术中的基础拳法，是拳击运动员最为常用的拳法之一。

| 前手直拳

01

侧面动作

由基本姿势开始。

前手（左手）直拳攻击是其他拳法攻击的基础。前手与攻击目标之间的距离越短，越有利于防守与进攻。

前手直拳的作用：干扰对手；试探对手；阻击摆脱对手攻击，也可以有效地攻击对手；为后续攻击动作创造条件。

02

手臂伸直，
拳心向下

身体略微
右转

前脚的前脚掌蹬
地，脚跟跷起

前脚的前脚掌蹬地并向内转动，脚跟提起 2 厘米左右。同时转髋、转肩，推动前臂、肘、手击打到下颌的前方。需要注意的是，肩、肘、腕、手处在一条直线上，身体转动是由脚发力的。后手拳置于下颌位置，贴在右侧脸颊的位置。

03

出拳后，前手、肘、肩、髋、脚同时快速收回。恢复基本姿势。

| 后手直拳

01

由基本姿势开始。

后手（右手）直拳与前手直拳动作技巧相同，动作相反。后手直拳比前手直拳力量大，适用于远距离攻击，因为后手距离对手较远，所以身体动作的幅度较大，出拳速度与前手直拳相比较慢。

02

侧面动作

身体略微左转

手臂伸直，拳心向下

后脚的前脚掌蹬地

后脚略微转动，脚掌蹬地发力。腰胯转动，带动身体微转，右肩向前送出，后手迅速前伸。后手手臂伸直，拳心向下，低于眼睛部位。肩、肘、手处在一条直线。前手护于脸部，肘护于体侧。

03

出拳后，后手快速收回。恢复基本姿势。

● 刺拳

　　刺拳指的是从出拳到击中目标，一直沿直线进行运动的击打方式。刺拳作为拳击技术中的基础拳法，也是拳击运动员常用的拳法之一。

01

肘部呈 90°

刺拳是一种对攻击和防守都十分有利的拳法，只适用于前手。它既能够快速地击打对手的面部和上体，又可以干扰对手的进攻节奏，调整双方距离，起到攻防兼备的作用。

由基本姿势开始。

02

用后脚蹬地，前脚快速向前迈进半步，后脚迅速跟进。肘关节快速伸直，拳峰击打对方头部，收拳速度快，待肘关节收回一半时迅速进行第二次击打。可以连续 3~4 拳。同时也可以连续的二次、三次出拳配合脚下进行击打。

04

在进步过程中一定要保证步法的连贯性和灵活性，手部动作与脚步动作相互协调。
在击打过程中，肘部不能率先提起。
右手始终放在脸部位置保护下颌。

紧接前面动作继续向前进步，同时出拳攻击。动作保持一致。

03

肘部略大于 90°

前手攻击完成后，迅速收回恢复基本动作。但手肘处角度略大，为后续攻击做准备。

● 摆拳

摆拳是从侧面向对手发起攻击的拳法。身体与拳的方向相反可以分散对手的注意力，攻击力度较大。但摆拳的攻击路线较长，不具隐蔽性，若击打落空容易使自身失去平衡。

| 前手摆拳

前手摆拳练习时动作要一气呵成；后手始终位于脸侧，保护下颌；在前手动作完成后，立即恢复基本姿势。

01

由基本姿势开始。

02

转肩

转髋

膝内旋，微屈

蹬转

前脚蹬地，膝部内旋、转髋，转肩抬肘的同时前臂向身体的侧前方沿弧形路线运行，拳心向下或向侧，用拳峰部位击打。上述动作需要在同一时间内完成，摆拳动作难度大，不规范易造成犯规（用拳心击打，规则叫犯规开掌击打）。

03

击打时，手肘与肩齐平高于下颌、低于眼部。肘关节大于90°，此时拳心向下或向侧，力量集中于拳峰部位。

| 后手摆拳

01

后手摆拳与前手摆拳动作基本相同，但后手摆拳需要腰、胯、腿有较大幅度的转动，且摆拳动作较大，速度慢多为重拳。

后手摆拳多与前手摆拳和直拳配合使用，可给予对手重击。

由基本姿势开始。

02

肘关节大于 90°

前脚在前保持身体稳定，后脚发力蹬地。扭转带动后手摆拳。肘关节大于90°。臂微内旋，手肘上抬。

03

手臂与肩部齐平，拳心向下

肘部贴近躯干

身体左转

腰、胯、肩扭转，后脚蹬地，带动上体略微向左转动。后手手臂与肩部齐平；前手始终护于面部，前肘离躯干越近越好。

● 上勾拳

上勾拳适用于中短距离的攻击范围，只有在中、短距离内才能体现上勾拳的攻击效果。上勾拳可以有效攻击对手的身体和头部。

| 前手上勾拳

01 侧面动作

由基本姿势开始。

02 侧面动作

送肩
转髋
肘部呈 90°，拳心向内，由下向上
膝内旋，微屈
前脚蹬地

上体稍向左转动，前脚蹬地，膝部稍微内旋，转髋、转肩，前手迅速离开起始位置，肘屈 90° 左拳向身体左前方送肩击打。

03 侧面动作

肘部呈 90°
身体略微右转
前脚的前脚掌蹬地

以前脚前脚掌蹬地，转腰髋送肩带动上体向右偏转。手臂继续向上，前臂略微前伸，手肘呈 90° 或小于90°。后手护于脸侧。以上的动作同一时间内完成。

后手上勾拳

01

由基本姿势开始。

呈基本姿势，左手在前

02

后肩向下

后手臂略微向下，后脚蹬地，后手拳由下向上击打对手。

后手由腰部向上攻击。肘部呈90°或小于90°

后脚蹬地

03

护于脸侧

继续勾拳向上

手臂继续向上攻击，拳心向内，身体略向左转

后脚的前脚掌蹬地

后脚的前脚掌蹬地

后手勾拳动作顺序和前手勾拳一样，只是动作相反。后脚蹬地、转髋、送肩、手肘部位90°或小于90°，沿身体右侧前方击打，拳心向内，拳峰击打对手腹部和头部。

● 平勾拳

　　平勾拳是横向性的勾击，可以有效攻击对手的两腮、下颌和颈部侧面。平勾拳分为前手平勾拳和后手平勾拳两种。

| 前手平勾拳

01

由基本姿势开始。

02

提起手肘，
肘部夹角
小于90°

手臂向上，
拳心向下

前手平勾拳，率先将手肘提起，手肘处呈80°~90°。利用腰髋力量将身体略向左转10°左右。

03

手肘臂与肩齐平

转髋

80°~90°

前脚的前脚掌蹬转

手肘与
肩部齐平

以前脚的前脚掌蹬地，腰髋带动上体向右偏转。手肘继续上抬与肩部齐平。手肘处保持小于90°。拳心向下，拳峰击打对手头的侧部。后手护于脸侧。

| 后手平勾拳

01

由基本姿势开始。

02

后手平勾拳，将后手手肘提起，手肘处呈 80°～90°，前手护于脸侧。利用后脚蹬地，腰、髋和肩的力量推动身体略向左转。

03

转肩

80°～90°

转髋

蹬地

肘部与肩部齐平

后手肘与肩齐平，借助后脚蹬地、转髋、转肩的力量打出后手平勾拳，击打时拳心向下。拳峰不能超过鼻子侧方。

第❸章
拳击防守方式

拳击防守技术是拳击基础技术之一。在拳击比赛中正确地利用防守招式可以有效地抵挡对手的进攻，破坏对手的攻击目的。同时防守也是为了进攻，只有很好地掌握防守技术，才能高效地提高进攻速度和频率，增加进攻的力量和准确性。防守还可以消耗对手的体力，消磨对手的意志。

本章内容从头部和躯干的防守、手臂防守、步法控制距离防守三个方面对拳击的防守方式进行介绍。（以右架为例，左架动作相同，姿势相反）

01

头部和躯干的防守

侧闪防守是拳击防守方式中最
具难度和危险性的防守方法，也是
防守技术的最高境界，要求运动员
胆大心细、判断准确。这种防守方
式是在对手的有效进攻距离之内，
能给对手造成巨大压力，为反击创
造最佳时机的防守。

▼ 左侧闪防守

侧面动作

01

由基本姿势开始。

02

侧面动作

身体向左
侧闪躲

两腿屈膝，
重心向下

后脚蹬转，
脚跟微微提起

面对对手攻击、两手迅速收回到下颌
两侧，保护好头部；两肘自然下垂，
置于身体两侧，保护好两侧肋部和腹
部。上身和腿、脚同时向左侧旋转
60°～80°，重心落在两腿之间。眼
睛始终盯住对手的出拳手。

03

防守动作完成后，迅速恢复基本姿
势，攻击或继续防守。

▼ 右侧闪防守

01

侧面动作

侧面动作

35°～45°

两手保护下颌，微微屈膝下蹲

前脚的前脚掌蹬地

由基本姿势开始，面对对手攻击。两手护于下颌两侧，两臂护于胸部和肋部。两膝微屈，转髋转胯，将身体重心向右移动，前脚的前脚掌蹬地推动身体转动，头部与上身向右侧闪躲。侧闪转动 60°～80°，眼睛始终盯住对手。

02

防守动作完成后，迅速恢复基本姿势，攻击或继续防守。

▼ 左摇避防守

01

由基本姿势开始，对手率先进行攻击。此时前手回收位于脸侧，保护下颌，两臂护于胸部和肋部。

02

屈膝下蹲

后脚的前脚掌蹬地

两腿屈膝，略微下蹲，后腿屈膝幅度略大于前腿，后脚的前脚掌蹬地，身体略向左侧偏转 20°～30°。

03

20°～30°

身体向左转

提起上身

45°～55°

身体重心向下，后腿屈膝 45°～55°。上身摇向左侧，成功躲避对手攻击。两脚蹬地，身体向上提起。眼睛始终盯住对手。

04

身体向右转

后腿蹬直，上身直起，略向右转体。
恢复基本姿势。

02

20° ~ 30°

前脚的前脚掌蹬地

两腿屈膝，略微下蹲。前脚蹬地，前
脚掌蹬地向外侧旋转。身体重心略向
右旋转。

▼右摇避防守

01

由基本姿势开始，对手率先进行
攻击。此时前手收回位于脸侧，
保护下颌。两臂护于胸部和肋部。

03

提起上身

身体重心略向下，后腿屈膝下蹲。上
身向右侧旋转。眼睛始终盯住对手。
成功躲避对手攻击后，后脚蹬地，身
体向上提起。

04

恢复基本姿势。

▼ 后闪防守

后闪防守主要针对直拳和摆拳攻击。

01 由基本姿势开始。

侧面动作
保护下颌
前手收回，
屈于胸前
保护胸部和肋部

02 面对对手攻击，前手收回，双手置于下颌两侧，保护下颌。两肘护于胸部和肋部。

侧面动作
上身后仰
10°～30°

两腿微屈

03 两膝微屈，上身后仰 10°～30°，根据对手击打的深度，身体重心落于后脚。

侧面动作

04 随即身体迅速收回，稳定重心，恢复基本姿势。

▼ 下潜防守

侧面动作

01 由基本姿势开始。

02

侧面动作

屈肘收回

面对对手攻击，前手收回置于下颌两侧，保护下颌。两臂自然下垂，置于胸部和肋部，保护好胸部和肋部。

03

两脚稳定
身体重心

前额

10° ~ 70°

前脚脚尖   后脚的前脚掌撑地

将身体重心向下，落于两脚之上。同时身体快速下潜 10° ~ 70°，两腿屈膝下蹲。后脚脚跟略提起且前额不能超过前脚脚尖。头顶部位不能低于对手腰部的标志带。

04

▼

侧面动作

下潜防守要注意使用腰部和腿部的力量，保持姿势的稳定性。同时在做动作的过程中，目光始终注视对手。

完成下潜动作后，恢复基本姿势进行还击。

02

手臂防守

▼**后手拍击**

01

后手向下
拍击

由基本姿势开始，后手向下、向左侧
拍击对手拳套来进行防御。拍击幅度
不宜过大，要短促有力。同时前手收
回护于脸侧保护下颌。

▼**前手拍击**

前手向下
拍击

02

拍击技术可用来
防御对手的刺
拳和直拳攻击。
拍击范围不宜过
大，起到改变对
手攻击方向的效
果即可。

由基本姿势开始，前手由手腕发力，
向下、向右拍击对手拳套来进行防
御。拍击幅度不宜过大，要短促有
力，完成后恢复基本姿势。

拍击后进行反击，可以使用同一只
手。若用后手拍击防御，则可用前手
直拳、勾拳等招式进行反击。

完成动作后，迅速恢复基本姿势。

▼前手阻挡

01

侧面动作

▼

侧面动作

手臂略微
向上抬起

由基本姿势开始，前手手臂略微向上
抬起并外旋。拳心向前，以握紧的拳
和臂阻挡对手进攻。

02

完成动作后，迅速恢复基本姿势。

▼后手阻挡

01

侧面动作

由基本姿势开始，准备防御对手攻击。

02

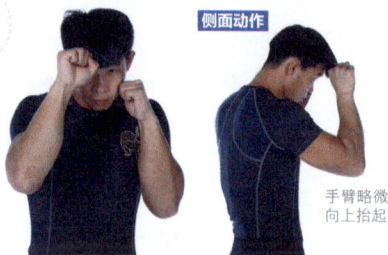

侧面动作

手臂略微
向上抬起

**防御动作往往与反击动作相配合。但
要在熟练掌握阻挡动作后，再进行反
击动作的练习。**

后手手臂向上抬起，拳心向前，置于
额前，用握紧的拳和前臂阻挡对手攻
击。前手放于脸侧，保护下颌。完成
后，恢复基本姿势。

▼ 前臂阻挡

前臂阻挡主要用于对手后手摆拳发起攻击时的防御，使对手的拳落在前手手臂上。阻挡结束，快速还原。

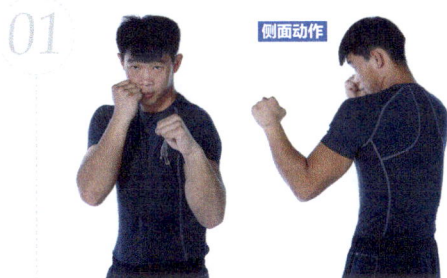

▼ 后臂阻挡

后臂阻挡用于防御对手前手摆拳的形式进行攻击。熟练掌握阻挡动作后可配合反击动作进行练习。

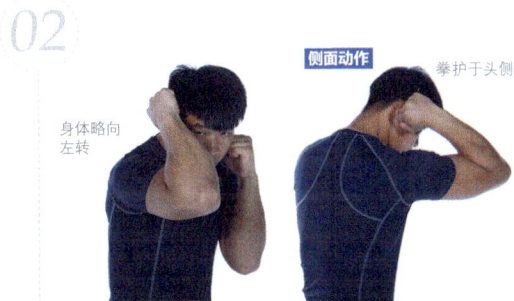

01

侧面动作

01

侧面动作

▼

▼

02

侧面动作 拳护于头侧

02

身体略向左转 侧面动作 拳护于头侧

由基本姿势开始，前手手臂屈肘向上提起进行阻挡，头部略向下收紧下颌，略微含胸。拳头护于头部太阳穴位置，屈肘小于90°，肩部保护住下颌。

由基本姿势开始，后手手臂屈肘小于90°向上提起阻挡对手攻击，头部略向下低、略微含胸。拳头护于头部太阳穴位置，肩臂护住脸侧位置。身体略向左转。

▼两臂封闭式阻挡

01

侧面动作

侧面动作

两手持
平向上

肘部夹紧，
两肩向前

由基本姿势开始，前手迅速收紧，后手臂从体侧快速移到脸部前面。两手保护头部。两肩向前，两臂保护好胸部和肋部，略微含胸。尽量夹紧肘关节，重心向下。

02

侧面动作

收紧下颌

膝关节略
微弯曲

后脚的前脚
掌蹬转

▼

侧面动作

后脚蹬转，略转髋和肩，重心略向下。两膝略微弯曲，稳定身体重心。收紧下颌，两手护于脸部，两臂护于胸前，形成封闭式防守。动作完成后恢复基本姿势。

▼臂肩阻挡

01

由基本姿势站立，前脚掌蹬地，略向内转髋。后手保护下颌，前臂屈肘位于腰部保护身体。

02

左肩向上提起

前脚的前脚掌蹬地

随即左肩向上提起，肩将下颌和脸部保护起来，肩臂阻挡要求所有的技术动作同时完成。

03

动作完成后恢复基本姿势。

03

步法控制距离防守

▼后撤步

后撤步可以拉开与对手之间的距离，是一种向后撤步防守或趁机后撤还击的步法。

01

由基本姿势开始。用前脚掌蹬地，准备向后撤步。

02 侧面动作

后脚后撤

20 ～ 30 厘米

距离不变

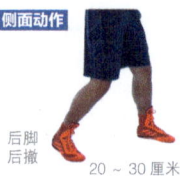

在前脚蹬地向后撤步的推动下，后脚快速向后撤退 20 ～ 30 厘米，前脚迅速回撤，两脚间的距离保持不变。两手仍保持基本姿势。

03 侧面动作

前脚随之向后撤步

20 ～ 30 厘米

后脚后撤落地后，前脚快速向后撤一步。恢复基本姿势。

▼ 左侧滑步

01

20 ～ 30 厘米　前脚向左侧方滑步

由基本姿势开始。后脚的前脚掌向右侧方用力蹬地，前脚向左侧滑进一步 20 ～ 30 厘米，两手保持基本姿势。

02

后脚跟进

通过向左侧滑步移动，适当调整与对手之间的位移距离，采取防御和攻击措施。

后脚蹬地之后，快速向左滑进一步，动作完成后恢复基本姿势。

▼右侧滑步

01

后脚向右
侧滑步

20 ~ 30 厘米

由基本姿势开始，前脚脚掌向左侧
用力蹬地，后脚快速向右滑动一步
20 ~ 30 厘米，滑动时抬脚与地面距
离不超过 1 厘米。

02

**通过向右侧滑步移动，适当调整与对
手之间的位移距离，采取防守措施。**

后脚落地后，前脚随即向右侧快速滑
进，动作完成后恢复基本姿势。

▼左环绕步

01

由基本姿势开始，将前手快速收回，
两臂下垂，置于脸侧保护下颌、胸部
和肋部。

02

前脚向左滑步
20 ~ 30 厘米

脚尖内旋
50° ~ 60°

后脚快
速跟进

后脚蹬地，前脚向左斜前方滑步移动
20 ~ 30 厘米，前脚尖内旋 50°~
60°，落地后后脚快速向左侧滑步跟
进。还原成基本姿势。

03

后脚滑步跟进

前脚继续向左做斜前方滑步，落地后后脚迅速滑步跟进，不断重复②和③的动作做环形移动。在移动过程中重心落在两腿之间，保持基本姿势。适当调整与对方之间的距离。

▼右环绕步

01

由基本姿势开始。

02

后脚向
右侧滑步
20 ～ 30
厘米

两手护于脸侧保护下颌，两肘自然下垂保护胸部和肋部。前脚向斜后方蹬地，后脚率先向右侧滑步移动。

03

前脚滑步
跟进

后脚滑步落地后，前脚滑步快速跟进。此时身体呈逆时针方向移动。

04

后脚前进

快速的重复②和③的动作，不停地环绕移动。在移动过程中重心落在两腿之间，始终保持平稳地移动。

第4章
拳击迎击方式

迎击拳是指在对手出拳瞬间我方果断出拳迎着对手的拳，先于对手攻击其有效部位，给对手以重创。在拳击技术中，一味地使用进攻方式往往很难达到攻击效果。迎击技术作为拳击的高级动作，在比赛中可起到决定性的作用。（以右架为例，左架动作相同，姿势相反）

01

前手直拳迎击

01

甲方　　　乙方

双方以基本姿势呈对峙状态。

02

甲方率先以前手直拳发起攻击。乙方做出准确预判。

03

乙方突然用前手直拳迎击对方头部，做此动作时出拳速度必须快于对方，预判要准，前脚、髋和肩部的转动幅度略大一些，后手守住下颌，让对方的拳头在自己头侧击空。

04

动作完成后，迅速恢复基本姿势，做好防御。

02

后手直拳迎击

01

双方以基本姿势呈对峙状态。

02

甲方率先以后手直拳发起攻击。乙方做出准确预判。

03

后脚的前脚掌蹬地

乙方后脚突然蹬地转体，后手直拳快速地先于对方进攻的拳迎击对方头部。对方击打的拳头从自己头右侧击空，双方在击打的瞬间直拳呈交叉状态，后手迎击的转体幅度略大于后手直拳。

04

动作完成后，迅速恢复基本姿势，做好防御。

03

前手摆拳迎击

03

乙方快速地用前手摆拳迎击对方的头侧部。摆拳迎击难度比较大，前手摆拳迎击时，前脚迅速地向左侧蹬转，提高摆拳击打的爆发力，转髋和肩，摆拳击打的高度高于对方的直拳，关键是用自己的上臂压住对方的直拳，使对方的直拳打空。

01

双方以基本姿势呈对峙状态。

04

动作完成后，迅速恢复基本姿势，做好防御准备。

02

甲方率先以后手直拳发起攻击。乙方做出准确预判。

04

后手摆拳迎击

01

双方以基本姿势呈对峙状态。

02

甲方前脚向前进步，率先以前手直拳向乙方发起攻击。乙方做出准确预判。

03

头部偏向左侧

后手摆拳迎击动作难度比较大，后脚蹬地转髋转肩，身体重心向前脚移，后手摆拳迎着对方的前手直拳击打，摆拳略高于对方的直拳，上身转动幅度略大一些，使对方直拳从自己头部右侧击空。

04

动作完成后，迅速恢复基本姿势，做好防御准备。

05

前手上勾拳迎击

03

前脚的前脚掌蹬
地，转体

乙方迎着对方的直拳，前脚掌快速蹬
转 90° 左右，转髋转肩，用前手上
勾拳迎击对方的下颌或上体，上勾拳
时肘部呈 90° 左右，迎击的瞬间身
体侧对对方，让对方的直拳从自己身
体侧面击空。

01

双方以基本姿势呈对峙状态。

04

动作完成后，迅速恢复基本姿势，做
好防御准备。

02

前脚的前脚
掌蹬地

甲方前脚掌蹬地，率先以前手直拳发
起攻击。乙方做出准确预判。

06

后手上勾拳迎击

03

后脚的前脚掌蹬地

乙方快速后脚蹬地，转髋转肩，迎着甲方直拳用后手勾拳击打甲方头部或腹部。在迎击过程中让甲方的直拳从自己身体右侧击空。

01

双方以基本姿势呈对峙状态。

04

动作完成后，迅速恢复基本姿势，做好防御准备。

02

甲方率先以后手直拳发起攻击。乙方做出准确预判。

第5章
拳击入门技术
40 例

本章主要介绍拳击入门技术中的进攻与反击技术。结合拍击、格挡、阻挡、侧闪、后闪、步法等多方面的 40 个案例进行具体动作的介绍。

01

进攻与拍击反击

对练

1

向下拍击

乙方迅速反应，用前手向下或向侧拍击甲方直拳腕部。

乙方　甲方

双方以基本姿势呈对峙状态。

前脚的前脚掌蹬地

同时乙方前脚脚掌快速蹬地，向右侧转体，用前手直拳攻击甲方头部。

前脚向前进步

甲方率先以前手直拳发起攻击。乙方做出准确预判。

动作结束，双方恢复基本姿势。

对练 2

03

向下拍击

乙方迅速反应，前手用力短促向下或向侧拍击甲方腕部位置。

01

乙方　甲方

双方以基本姿势呈对峙状态。

04

同时乙方用后手上勾拳，还击甲方下颌、面部或腹部。

02

后脚的前脚掌蹬地

甲方后脚前脚掌蹬地，以后手直拳直击乙方面部。

05

动作结束，双方恢复基本姿势。

对练
3

乙方迅速用后手向下短促拍击甲方手腕部，控制其进攻。

乙方　甲方

双方以基本姿势呈对峙状态。

前脚的前脚掌蹬地

同时乙方用前手摆拳还击甲方下颌或面部。

前脚向前进步

甲方后脚的前脚掌蹬地，前脚向前进步，以前手直拳直击乙方腹部位置。

动作结束，双方恢复基本姿势。

对练 4

乙方迅速用前手向下短促拍击甲方手腕部，控制其进攻。

向下拍击

乙方　甲方

双方以基本姿势呈对峙状态。

同时乙方后脚的前脚掌蹬地转体，后手直拳击打甲方头部。

两膝微屈

甲方后脚的前脚掌蹬地，两腿屈膝略微下蹲，以后手直拳攻击乙方腹部位置。

动作结束，双方恢复基本姿势。

02

进攻与阻挡反击

对练

5

乙方用后手快速上举到头部前方用拳心部位阻挡甲方直拳进攻。

01

乙方　甲方

双方以基本姿势呈对峙状态。

04

前脚的前脚掌蹬地

同时乙方前脚的前脚掌蹬地身体略向右转用前手直拳对甲方进行还击。

02

前脚向前进步

甲方前脚向前进步，率先用前手直拳攻击乙方头部。

05

动作结束，双方恢复基本姿势。

03

手臂向上在头部前方

对练
6

03

前臂阻挡

乙方抬起前手，用手臂阻挡甲方攻击，拳心向前。

01

乙方　甲方

双方以基本姿势呈对峙状态。

02

甲方后脚的前脚掌蹬地，以后手直拳攻击乙方面部。

04

后脚的前脚掌蹬地

阻挡的同时，乙方后脚的前脚掌迅速蹬地，身体略向左转，用后手直拳还击甲方头部。

05

动作结束，双方恢复基本姿势。

乙方略向左转体，后手手肘向内弯曲，用手肘阻挡甲方攻击。

对练
7

双方以基本姿势呈对峙状态。

同时，乙方前脚的前脚掌迅速蹬地，身体略向右转，用前手摆拳攻击甲方头部。

甲方前脚向前进步，两腿屈膝重心向下，以前手直拳攻击乙方腹部。

动作结束，双方恢复基本姿势。

对练
8

03

手肘阻挡

乙方前手手臂回收并向内弯曲，护住面部和腹部；用手肘阻挡甲方攻击。

01

乙方　甲方

双方以基本姿势呈对峙状态。

04

后脚的前脚掌蹬地转身

同时，乙方后脚的前脚掌迅速蹬地，身体略向左转，用后手直拳攻击甲方头部。

02

屈膝下蹲

甲方后脚的前脚掌蹬地，略向左侧转体；两腿屈膝重心向前脚移动；用后手直拳攻击乙方腹部。

05

动作结束，双方恢复基本姿势。

03

进攻与格挡反击

对练

9

乙方　　**甲方**

双方以基本姿势呈对峙状态。

前脚向前进步

甲方前脚向前进步，前脚掌撑地，以
前手摆拳攻击乙方头部。

略向左转体

乙方后脚的前脚掌蹬地，身体略向左
转，右手迅速提起向外短促格挡甲方
来拳。

向外格挡

前脚的前脚
掌蹬地

然后，乙方前脚的前脚掌蹬地，迅速
以前手摆拳攻击甲方头部。

动作结束，双方恢复基本姿势。

对练 10

01

乙方　甲方

双方以基本姿势呈对峙状态。

02

甲方前脚向前进步，两腿微屈，后脚的前脚掌蹬地跟进，以后手摆拳攻击乙方头部。

略侧身，前臂格挡

乙方前脚的前脚掌蹬地，身体略向右转；前手迅速提起，用手臂向外短促格挡甲方来拳。

04

略向左转体

后脚的前脚掌蹬地

随即，乙方后脚的前脚掌蹬地，以后手上勾拳攻击甲方下颌或腹部。

05

动作结束，双方恢复基本姿势。

对练
11

03

后手臂格挡

乙方迅速提起右臂在自己身体前方短
促格挡甲方来拳。

01

乙方　甲方

双方以基本姿势呈对峙状态。

04

前脚的前脚
掌蹬地

随即，乙方前脚的前脚掌蹬地略转
体，以前手直拳攻击甲方头部。

02

甲方前脚向前进步，前脚掌蹬地，以
前手直拳攻击乙方头部。

05

动作结束，双方恢复基本姿势。

03

前手臂格挡

乙方用前手臂向右侧或下格挡甲方来拳。

对练
12

01

乙方　甲方

双方以基本姿势呈对峙状态。

04

后脚的前脚掌蹬地

随即，乙方后脚的前脚掌迅速蹬地向左转身，并用后手上勾拳攻击甲方下颌或腹部。

02

后脚的前脚掌蹬地

甲方后脚的前脚掌蹬地，以后手直拳对乙方头部进行攻击。

05

动作结束，双方恢复基本姿势。

04

进攻与两臂封闭式反击

对练
13

两臂护于胸前

屈膝重心向下

乙方重心略向下，两臂收紧护于胸前保护自己的面部和胸腹部，阻挡甲方进攻。

01

乙方　　甲方

双方以基本姿势呈对峙状态。

04

后脚的前脚掌蹬地

同时，乙方后脚快速蹬地，用后手直拳攻击甲方头部。

02

前脚向前进步

甲方前脚向前进步，两腿屈膝，以前手直拳攻击乙方腹部。

05

动作结束，双方恢复基本姿势。

对练
14

03

两膝微屈

乙方重心略向下，两臂收紧护于面部和胸腹部，阻挡甲方进攻。

01

乙方　甲方

双方以基本姿势呈对峙状态。

04

前脚的前脚掌蹬地，转体

同时，乙方前脚的前脚掌蹬地，身体略向右转重心上提，以前手直拳还击甲方头部。

02

屈膝下蹲

甲方后脚的前脚掌蹬地，两腿屈膝下蹲，以后手直拳攻击乙方腹部。

05

动作结束，双方恢复基本姿势。

对练
15

两膝微屈

乙方重心略向下，两臂收紧护于面部
和胸腹部，收腹含胸略微屈膝，阻挡
甲方进攻。

乙方   甲方

双方以基本姿势呈对峙状态。

前脚的前
脚掌蹬地，
转体

同时，乙方前脚的前脚掌蹬转身体略
向右转，以前手摆拳还击甲方头部。

前脚向前进步

甲方前脚向前进步，前脚掌蹬转，两
腿微屈膝，以前手直拳攻击乙方腹部。

动作结束，双方恢复基本姿势。

对练
16

03

乙方收腹含胸，重心略向下，两臂收紧护于面部和胸腹部，阻挡甲方进攻。

01

乙方　甲方

双方以基本姿势呈对峙状态。

02

屈膝下蹲

甲方后脚的前脚掌蹬地，两腿屈膝下蹲，以后手直拳攻击乙方腹部。

04

后脚的前脚掌蹬地

同时，乙方后脚的前脚掌蹬转，稳定重心，身体略向左转，以后手摆拳还击甲方头部。

05

动作结束，双方恢复基本姿势。

05

进攻与臂肩阻挡反击

对练
17

右肩向前

后脚的前脚掌蹬地

乙方后脚的前脚掌蹬转，右肩前送上提，护住下颌与面部，手肘护住右侧肋部和腹部，阻挡甲方进攻。

乙方 甲方

双方以基本姿势呈对峙状态。

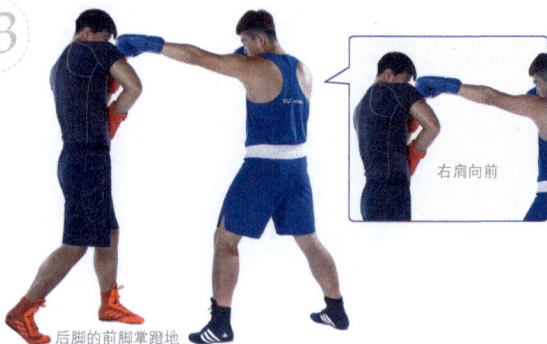

身体右转

同时，乙方前脚的前脚掌蹬转，以前手摆拳攻击甲方头部。

前脚向前进步

甲方前脚向前进步，以前手直拳攻击乙方头部。

动作结束，双方恢复基本姿势。

对练
18

01

乙方 甲方

双方以基本姿势呈对峙状态。

02

甲方后脚的前脚掌蹬转，以后手直拳
攻击乙方头部。

03

左肩向前

乙方前脚的前脚掌蹬转，前肩前送上
提护住下颌与面部，手肘护住左侧胸
部和腹部，阻挡甲方进攻。

04

后脚的前脚
掌蹬地

趁甲方难以反应，乙方后脚的前脚掌
蹬地，以后手直拳攻击甲方头部。

05

动作结束，双方恢复基本姿势。

对练
19

右肩阻挡

乙方后脚的前脚掌蹬地，右肩前送上提护住下颌与面部，手肘护住右侧胸部和腹部，阻挡甲方进攻。

乙方　甲方

双方以基本姿势呈对峙状态。

前脚的前脚掌蹬地，略微转身

同时，乙方前脚的前脚掌蹬转，以前手直拳攻击甲方头部。

前脚向前，侧身

甲方前脚向前滑进一步，以前手摆拳攻击乙方。

动作结束，双方恢复基本姿势。

对练
20

左肩向前上提

乙方前脚的前脚掌蹬转，左肩前送上提收紧护住下颌与面部，前手臂护住胸部和腹部，阻挡甲方进攻。

乙方　甲方

双方以基本姿势呈对峙状态。

随即，乙方后脚的前脚掌蹬转，以后手上勾拳攻击甲方头部或腹部。

后脚的前脚掌蹬地

甲方后脚的前脚掌蹬转，以后手直拳攻击乙方头部。

动作结束，双方恢复基本姿势。

06

进攻与侧闪反击

对练
21

身体向下

▼

躯干侧闪

乙方　甲方

双方以基本姿势呈对峙状态。

前脚向前进步

甲方前脚向前进步，以前手直拳攻击
乙方头部。

乙方后脚的前脚掌蹬地，两腿微屈，
重心落在两腿之间，向左侧转髋转
肩，两手臂收回护住下颌与胸腹部；
眼睛盯住甲方，躲避甲方打来的直
拳，上面的动作同一时间快速完成。

前脚的前
脚掌蹬地

对练
22

乙方　甲方

双方以基本姿势呈对峙状态。

随即，乙方前脚的前脚掌蹬地，上身
向右侧扭动，以前手摆拳攻击甲方头
部。动作结束，双方恢复基本姿势。

甲方后脚的前脚掌蹬地，以后手直拳
攻击乙方头部。

03

乙方前脚的前脚掌蹬地，两腿微屈，重心偏向右腿，向右侧转髋转肩，两手臂收回护住下颌与胸腹部；眼睛盯住甲方，向右侧躲避甲方击打的直拳。上面的动作同一时间快速完成。

04

身体左转

随即，乙方后脚的前脚掌蹬地，身体向左侧转动，以后手直拳攻击甲方头部。

05

动作结束，双方恢复基本姿势。

对练
23

01

乙方　甲方

双方以基本姿势呈对峙状态。

02

前脚向前进步

甲方前脚向前滑进一步，以前手直拳攻击乙方头部。

屈膝下蹲

乙方后脚蹬地，两腿微屈下蹲，重心落在两腿中间，向左侧转髋转肩，两手臂收回护住下颌与胸腹部；眼睛盯住甲方，躲避甲方击打的直拳。上面的动作同一时间快速完成。

前脚的前脚掌蹬转

随即，乙方前脚的前脚掌蹬地转动上身，以前手上勾拳攻击甲方腹部或下颌。

动作结束，双方恢复基本姿势。

对练 24

乙方　甲方

双方以基本姿势呈对峙状态。

前脚向前进步

甲方前脚向前进步，以前手直拳攻击乙方头部。

03

屈膝下蹲

▼

向右侧闪

乙方前脚的前脚掌蹬地，两腿微屈下蹲，重心偏向后腿，向右侧转髋转肩，两手臂收回护住下颌与胸腹部；眼睛盯住甲方，上身向右侧躲避甲方击打的直拳。上面的动作同一时间快速完成。

04

后脚的前脚掌蹬地

随即，乙方后脚的前脚掌蹬转，以后手上勾拳攻击甲方腹部或头部。

动作结束，双方恢复基本姿势。

07

进攻与摇避反击

对练

对练
25

01

乙方 甲方

双方以基本姿势呈对峙状态。

02

前脚蹬转

甲方前脚蹬转，以前手摆拳攻击乙方头部。

03

重心向下

蹬地侧身

前腿蹬起

乙方快速收紧两臂，护住头部与胸腹部，下蹲降低重心，两脚同时向右转动，上身也向右遥转，躲避甲方的摆拳。

04

乙方收腹含胸，重心略向上提，双脚
蹬地转髋转肩，以后手直拳攻击甲方
头部。

对练
26

05

动作结束，双方恢复基本姿势。

01

乙方　甲方

双方以基本姿势呈对峙状态。

02

后脚的前脚
掌蹬地

甲方后脚的前脚掌蹬地，以后手直拳
攻击乙方头部。

03

屈膝下蹲

后脚的前脚掌蹬地，
身体侧闪

乙方快速收紧两臂，护住头部与胸腹
部，快速下蹲降低重心，两脚同时向
左转动，上身也向左摇转，躲避甲方
的后手直拳。

04

前脚的前脚
掌蹬地

随即，乙方前脚的前脚掌蹬地，转动
上身，以前手直拳攻击甲方头部。

05

动作结束，双方恢复基本姿势。

两腿屈膝

对练
27

前脚的前脚
掌蹬地

乙方　　甲方

双方以基本姿势呈对峙状态。

前脚向前进步

甲方前脚向前进步，以前手摆拳攻击
乙方头部。

乙方快速收紧两臂，护住头部与胸腹
部，快速下蹲降低重心，两脚同时向
右转动，上身也向右摇转，躲避甲方
的前手摆拳。

04

随即，乙方身体向上，后脚的前脚掌蹬地转髋转肩，以后手上勾拳攻击甲方腹部或头部。

对练
28

01

乙方　甲方

双方以基本姿势呈对峙状态。

05

动作结束，双方恢复基本姿势。

02

后脚的前脚掌蹬地

甲方后脚的前脚掌蹬地，以后手摆拳攻击乙方头部。

03

屈膝下蹲

向左侧摇闪

后脚的前脚
掌后脚蹬地

乙方快速收紧两臂，护住头部与胸腹部，同时快速下蹲降低重心，两脚同时向左转动，上身向左摇避，躲避甲方的后手摆拳。

04

前脚的前脚
掌蹬地

随即，乙方身体向上，前脚的前脚掌蹬地，转髋转肩，以前手摆拳攻击甲方头部。

05

动作结束，双方恢复基本姿势。

08

进攻与后闪反击

对练
29

03

上身后仰

乙方快速收紧两臂，护住头部与胸腹部；同时上身后仰（后闪），重心落在后腿上，使甲方的前手直拳击空。

01

乙方　甲方

双方以基本姿势呈对峙状态。

04

前脚的前脚掌蹬地

随即，乙方前脚的前脚掌蹬地，以前手直拳攻击甲方头部。

02

前脚向前进步

甲方前脚向前进步，以前手直拳攻击乙方头部。

05

动作结束，双方恢复基本姿势。

上身后仰

乙方快速收紧两臂，护住头部与胸腹部；同时上身后仰（后闪），重心落在后腿上，使甲方的后手直拳击空。

对练
30

乙方　甲方

双方以基本姿势呈对峙状态。

后脚的前脚掌蹬地

随即，乙方后脚的前脚掌蹬地，转髋转肩，快速收腹，以后手直拳攻击甲方头部。

后脚的前脚掌蹬地

甲方后脚的前脚掌蹬地，以后手直拳攻击乙方头部。

动作结束，双方恢复基本姿势。

对练
31

乙方快速收紧两臂，护住头部与胸腹部；同时上身后仰（后闪），重心落在后腿上，使甲方的前手摆拳击空。

双方以基本姿势呈对峙状态。

随即，乙方前脚的前脚掌蹬地，快速收腹，略向右转体，以前手摆拳攻击甲方头部。

甲方前脚向前进步，前脚掌蹬地，以前手摆拳攻击乙方头部。

动作结束，双方恢复基本姿势。

对练
32

乙方快速收紧两臂，护住头部与胸腹部；同时上身后仰（后闪），重心落在同脚上，使甲方的后手摆拳击空。

乙方　　甲方

双方以基本姿势呈对峙状态。

随即，乙方后脚的前脚掌蹬地，转髋转肩，略向左转体，以后手摆拳攻击甲方头部。

甲方后脚的前脚掌蹬地，以后手摆拳攻击乙方头部。

动作结束，双方恢复基本姿势。

09

进攻与下潜反击

对练
33

乙方快速收紧两臂，护住头部与胸腹部；同时快速下蹲，膝关节屈角 90°左右，重心落在两腿中间，使甲方直拳击空。

01

乙方　甲方

双方以基本姿势呈对峙状态。

04

前脚的前脚掌
蹬转，两腿微屈

随即，乙方前脚的前脚掌蹬转，身体略向右转，以前手直拳攻击甲方腹部。

02

前脚向前进步

甲方前脚向前进步，以前手直拳攻击乙方头部。

05

动作结束，双方恢复基本姿势。

对练
34

乙方快速收紧两臂，护住头部与胸腹部；同时快速下蹲，膝关节屈角 90° 左右，重心落在两腿中间，使甲方后手直拳击空。

双方以基本姿势呈对峙状态。

随即，乙方后脚的前脚掌蹬地，转髋转肩，以后手直拳攻击甲方腹部。

甲方后脚的前脚掌蹬地，以后手直拳攻击乙方头部。

动作结束，双方恢复基本姿势。

対练
35

屈膝下蹲

乙方快速收紧两臂，护住头部与胸腹部；同时快速下蹲，膝关节屈角 90°左右，重心落在两腿中间，使甲方摆拳击空。

乙方　甲方

双方以基本姿势呈对峙状态。

前脚的前脚掌蹬地

随即，乙方前脚的前脚掌蹬地，转髋转肩，以前手摆拳攻击甲方腹部。

前脚向前进步

甲方前脚向前进步，以前手摆拳攻击乙方头部。

动作结束，双方恢复基本姿势。

对练
36

乙方快速收紧两臂，护住头部与胸腹部；同时快速下蹲，膝关节屈角 90°左右，重心落在两腿中间，使甲方摆拳击空。

乙方　甲方

双方以基本姿势呈对峙状态。

后脚的前脚掌蹬转

随即，乙方后脚的前脚掌蹬转，转髋转肩，以后手摆拳攻击甲方腹部。

后脚的前脚掌蹬转

甲方后脚的前脚掌蹬转，以后手摆拳攻击乙方头部。

动作结束，双方恢复基本姿势。

进攻与步法反击

对练
37

乙方　甲方

两脚后撤

乙方前脚向后蹬地，两脚同时向后撤
退一小步。

向前进步，两腿
略微屈膝

双方以基本姿势呈对峙状态。甲方前
脚向前进步，以前手直拳攻击乙方胸
和腹部位置。

后脚向前蹬地

乙方成功躲避甲方来拳，同时后脚向前蹬地，两脚向前滑动一小步，用前手直拳攻击甲方头部。

01

对练
38

乙方　甲方

04

动作结束，双方恢复基本姿势。

前脚向前进步

双方以基本姿势呈对峙状态。甲方前脚向前进步，以前手直拳攻击乙方腹部位置。

02

向左跨步

▼

前脚的前脚掌蹬地

乙方前脚向左侧跨步，后脚迅速向左侧滑动一小步跟进，重心落在两腿之间。随即，前脚的前脚掌蹬地，转髋转肩，用前手摆拳攻击甲方头部。

对练
39

01

乙方　　甲方

▼

屈膝下蹲

双方以基本姿势呈对峙状态。甲方后脚的前脚掌蹬地，两腿微屈，以后手直拳攻击乙方胸部和腹部。

03

动作结束，双方恢复基本姿势。

对练
40

乙方　甲方

双方以基本姿势呈对峙状态。甲方以
前手直拳攻击乙方头部。

02

向右跨步

前脚蹬地

乙方后脚向右侧跨步，前脚快速跟
进，重心落在两腿之间。随即，后脚
掌蹬地，转髋转肩，用后手摆拳攻击
甲方头部。

03

动作结束，双方恢复基本姿势。

01

向左跨步

乙方继续重复②的动作，向左侧环绕步，位于甲方体侧。

后脚跟进

乙方前脚向左侧跨出一小步，后脚迅速跟进，身体向左侧移动，重心落在两腿之间。

前脚的前脚掌蹬地

随即，乙方前脚的前脚掌蹬地，以前手上勾拳攻击甲方腹部或下颌。

继续移步

动作结束，双方恢复基本姿势。

第❻章
拳击高级战术
40 例

本章对拳击比赛中的进攻、防守、反击的 40 个高级战术案例进行介绍，为拳击运动员进一步提升拳击技战术水平提供指导性意见。

01

进攻与反击

对练

1

03

向后滑步

乙方向后滑步，躲避甲方来拳。

01

乙方　甲方

双方以基本姿势呈对峙状态。

04

向前进步

甲方再次以前手刺拳进行攻击。

02

前脚向前进步

甲方前脚向前进步，以前手刺拳攻击
乙方头部。

05

▼

07

前脚的前脚
掌蹬转

后脚的前脚
掌蹬地

乙方继续滑步后退，同时甲方转为后
手直拳攻击乙方头部。

06

向左侧闪

屈膝下蹲

乙方起身，前脚的前脚掌蹬地转动上
体，前手摆拳攻击甲方头部。随即，
两腿微屈膝下蹲，后脚蹬转，后手直
拳攻击甲方腹部位置。

乙方迅速收紧两臂，护住头部与胸、
腹部，两腿微屈膝，身体向左侧闪躲
避甲方来拳。

动作结束，双方恢复基本姿势。

对练
2

01

乙方   甲方

双方以基本姿势呈对峙状态。

03

向后撤步

随即,甲方两腿微屈膝,以后手直拳
攻击乙方腹部。乙方快速后撤一步,
躲避甲方前直拳攻击。

02

前脚向前进步

甲方前脚向前进步,以前手直拳攻击
乙方头部。

04

前脚掌蹬地

随即，乙方迅速用后手拍击甲方击腹的后手攻击拳。同时，前脚的前脚掌蹬转，以前手摆拳击打甲方头部。

05

微屈膝蹬转

同时乙方连接后手上勾拳攻击甲方腹部。动作结束，双方恢复基本姿势。

对练
3

01

乙方　甲方

双方以基本姿势呈对峙状态。

02

前脚向前进步

甲方前脚向前进步，以前手摆拳攻击乙方头部。

03

右臂阻挡

屈膝下蹲

乙方迅速以后手手肘阻挡甲方攻击。甲方突然两腿屈膝，连接后手直拳攻击乙方腹部。

04

拍击

乙方迅速用前手拍击甲方击腹拳，连接后手直拳击打甲方头部。

05

前摆击头

乙方紧接着用前手摆拳攻击甲方头部。动作结束，双方恢复基本姿势。

对练
4

向后撤步

乙方　　甲方

01

双方以基本姿势呈对峙状态。

右臂格挡

前脚向前进步

乙方迅速向后滑一小步，躲避甲方攻腹拳。甲方前脚向前进步，以前手摆拳攻击乙方头部。

02

屈膝下蹲

后脚的前脚掌蹬地

甲方两腿屈膝下蹲，后脚的前脚掌蹬地，以后手直拳攻击乙方腹部。

04

屈膝下蹲

对练
5

05

乙方两腿屈膝下蹲，两手护住面部和胸腹部，前脚的前脚掌蹬地向右侧摇避，重心移至右脚上。

前脚的前脚
掌蹬地

后脚的前脚掌
蹬地

乙方成功躲避甲方攻击后，迅速用后脚的前脚掌蹬转，用后手上勾拳攻击甲方腹部，紧接着以前手摆拳攻击甲方头部。

01

乙方   甲方

双方以基本姿势呈对峙状态。

02

前脚的前脚掌蹬地

甲方前脚向前进步，前脚掌蹬地，以前手上勾拳击打乙方下颌。

03

向下拍击

后脚的前脚
掌蹬地

乙方迅速用后手拍挡甲方上勾拳。随
即，甲方后脚的前脚掌蹬地，以后手
直拳攻击乙方头部。

04

向左侧闪

乙方向左侧侧闪躲避甲方直拳，迅速
用前手上勾拳攻击甲方腹部。

05

前脚的前脚
掌蹬地

乙方紧接着前脚的前脚掌蹬地，以前
手平勾拳攻击甲方头部。

对练
6

01

乙方　甲方

双方以基本姿势呈对峙状态。

02

前脚向前进步

甲方前脚向前进步，以前手直拳攻击乙方头部。

03

向后撤步

甲方连续进行两次直拳攻击。乙方连续两次向后撤步躲避攻击。

04

后脚的前脚掌蹬地

向下拍击

甲方连接后手上勾拳攻击乙方腹部，
乙方用前手向下拍击甲方击腹拳。

05

对练

7

乙方　　甲方

双方以基本姿势呈对峙状态。

01

02

随即，乙方后手直拳反击甲方头部，
并迅速连接前手摆拳击打甲方头部。

前脚向前进步

甲方前脚向前进步，以前手直拳攻击
乙方头部。

03

向右侧闪

前腿蹬直

后脚的前脚掌蹬地

乙方迅速向右侧侧闪躲避甲方攻击。
甲方迅速后脚的前脚掌蹬地跟进，以
后手直拳攻击乙方头部。

04

屈膝下蹲

向左摇避

乙方迅速屈膝下蹲，用两手护住面部
和胸腹部，向左侧摇避甲方直拳攻击。

05

向上站起

前脚的前脚
掌蹬地

随即，乙方向上站起，前脚的前脚掌
发力蹬地，以前手摆拳反击甲方头部。

后脚的前脚掌蹬地

然后，乙方后脚的前脚掌蹬地，快速连击后手直拳攻击甲方头部。

前脚向前进步

甲方前脚向前进步，以前手直拳攻击乙方头部。

向后滑步

对练
8

乙方　甲方

双方以基本姿势呈对峙状态。

屈膝下蹲

乙方迅速向后滑一步，躲避甲方攻击。随即，甲方屈膝下蹲，以后手直拳攻击乙方腹部。

04

向左侧闪

前脚的前脚
掌蹬地

乙方身体快速向左侧侧闪躲避攻击。
随后，前脚的前脚掌蹬地，以前手摆
拳反击甲方头部。

对练
9

01

乙方　甲方

双方以基本姿势呈对峙状态。

05

后脚的前脚掌蹬地

乙方后脚的前脚掌蹬地继续用后手上
勾拳攻击甲方面部或腹部。

02

后脚的前脚
掌蹬地

甲方后脚的前脚掌蹬地，以后手上勾
拳攻击乙方腹部。

03

手肘阻挡

蹬地转体

乙方快速收回前手拳，躯干稍向右侧转身，用前手肘阻挡甲方攻击。随即，甲方前脚的前脚掌蹬地转体，以前手平勾拳攻击乙方头部。

04

乙方用右手臂阻挡甲方前手平勾拳攻击，迅速前脚的前脚掌蹬地，以前手平勾拳反击甲方头部。

05

后脚的前脚掌蹬地

乙方后脚的前脚掌蹬地，连接后手平勾拳继续击打甲方头部。

对练
10

03

01

乙方　甲方

双方以基本姿势呈对峙状态。

乙方迅速向左侧环绕躲避甲方攻击。

02

甲方率先用前手直拳攻击乙方头部。

04

甲方继续以后手直拳进行攻击。乙方继续环绕步躲避，迅速用前手摆拳攻击甲方头部。

01

05

乙方　甲方

双方以基本姿势呈对峙状态。

甲方受到攻击后呈防御姿势。乙方后脚的前脚掌蹬地，用后手勾拳攻击甲方腹部。

02

屈膝下蹲

甲方屈膝下蹲，以后手直拳攻击乙方腹部。

向后撤步

向前进步

乙方向后撤退一步，躲避甲方攻击。
然后甲方向前进步，以前手直拳攻击
乙方头部。

后脚的前脚掌蹬地

前脚的前脚
掌蹬地

乙方后脚的前脚掌蹬地，以后手直拳
反击甲方头部。随即，乙方前脚掌蹬
地，以前手直拳攻击甲方头部。

两腿微屈

前脚的前脚
掌蹬地侧闪

乙方微屈膝下蹲，前脚的前脚掌蹬地，
身体向右侧侧闪。躲避甲方攻击拳。

对练
12

封闭式防守

略微屈膝

乙方　甲方

双方以基本姿势呈对峙状态。

乙方两腿略微屈膝，两臂呈封闭式防守，护住头部与胸腹部。随即，甲方继续以后手直拳攻击乙方头部。

甲方前脚向前进步，以前手直拳攻击乙方头部。

乙方封闭防住对方的进攻后，迅速以前手直拳连接后手直拳攻击甲方头部。

甲方前脚向前进步，用前手直拳攻击乙方头部。

略微屈膝

对练
13

乙方两腿略微屈膝，两臂呈封闭式防守，护住头部与胸腹部。随即，甲方继续以后手直拳攻击乙方头部。

乙方 甲方

双方以基本姿势呈对峙状态。

04

前脚的前脚
掌蹬地

对练
14

01

乙方前脚的前脚掌蹬地，迅速以前手
摆拳连接后手摆拳攻击甲方头部。

乙方　甲方

双方以基本姿势呈对峙状态。

02

甲方前脚向前进步，用前手直拳攻击
乙方头部。

03

略微屈膝

乙方后脚的前脚掌蹬地，迅速用后手直拳攻击甲方头部。随即，连接前手上勾拳攻击甲方腹部或头部。

乙方两腿略微屈膝，两臂呈封闭式防守，护住头部和胸腹部。随即，甲方继续以后手直拳攻击乙方头部。

对练
15

04

后脚的前脚掌蹬地

01

乙方　甲方

双方以基本姿势呈对峙状态。

02

甲方前脚向前进步，用前手直拳攻击乙方头部。

03

略微屈膝

乙方两腿略微屈膝，两臂呈封闭式防守，护住头部与胸腹部。随即，甲方继续以后手直拳攻击乙方头部。

04

后脚的前脚掌蹬地

乙方后脚的前脚掌蹬地，迅速用前手上勾拳连接后手上勾拳攻击甲方腹部。

对练
16

略微屈膝

乙方　甲方

双方以基本姿势呈对峙状态。

乙方两腿略微屈膝，两臂呈封闭式防守，护住头部与胸腹部。随即，甲方继续以后手直拳攻击乙方头部。

甲方前脚向前进步，用前手直拳攻击乙方头部。

后脚的前脚掌蹬地

乙方后脚的前脚掌蹬地，迅速用后手上勾拳攻击甲方腹部。随即，连接前手平勾拳攻击甲方头部。

02

甲方前脚向前进步，用前手摆拳攻击乙方头部。

对练
17

03

向后滑步

01

乙方　甲方

双方以基本姿势呈对峙状态。

对练
18

向右侧闪

乙方快速向后滑退一小步，躲避甲
方攻击。随即，甲方立刻以后手摆
拳攻击乙方头部。乙方向右侧侧闪
躲避攻击。

01

双方以基本姿势呈对峙状态。

乙方   甲方

04

后脚的前脚掌
蹬地

02

甲方前脚向前进步，用前手摆拳攻击
乙方头部。

前脚的前脚
掌蹬地

乙方后脚的前脚掌蹬地，用后手直拳
反击甲方头部，随即，前脚的前脚掌
蹬地连接前手摆拳攻击甲方头部。

03

身体下潜

屈膝下蹲

乙方两腿微屈膝下蹲，下潜躲避甲方摆拳攻击。

04

重心向下

随即，甲方用后手摆拳攻击乙方头部。乙方后脚的前脚掌蹬地，以后手直拳还击甲方腹部。

05

乙方左脚掌蹬地，重心上提，用前手直拳攻击甲方头部。

对练
19

01

乙方　　甲方

双方以基本姿势呈对峙状态。

02

甲方前脚向前进步，用前手直拳攻击乙方头部。

03

右肩前送上提

乙方将右肩提起向前阻挡甲方前手直拳的进攻。甲方随即以后手摆拳攻击乙方头部。

04

屈膝下蹲

向左侧摇避

后脚的前脚掌蹬地

乙方迅速屈膝下蹲，向左侧摇避，躲避甲方攻击。

05

前脚的前脚掌蹬地

后脚的前脚掌蹬地

乙方前脚的前脚掌蹬地，用前手摆拳攻击甲方头部。随后，后脚的前脚掌蹬地，以后手直拳对甲方进行攻击。

对练
20

01

乙方　甲方

双方以基本姿势呈对峙状态。

02

后脚的前脚掌蹬地

甲方后脚的前脚掌蹬地，用后手摆拳攻击乙方头部。

03

前肩前送上提

前脚的前脚
掌蹬地

▼

前脚进步蹬地

乙方前脚的前脚掌蹬地，将前肩上提护住头面部，向前阻挡甲方进攻。甲方随即前脚进步蹬地，以前手摆拳攻击乙方。

04

屈膝下蹲

▼

前脚的前脚掌蹬地，
向右摇避

乙方迅速微屈膝下蹲，前脚的前脚掌蹬地，向右摇避，躲避甲方攻击。

05

后脚的前脚掌蹬地

▼

乙方后脚的前脚掌迅速蹬地，以后手直拳还击甲方头部。然后前脚的前脚掌蹬地，以前手摆拳继续对甲方进行攻击。

02

防守与反击

对练
21

乙方　甲方

双方以基本姿势呈对峙状态。

甲方后脚的前脚掌蹬地，向前滑步。

甲方在前滑步的过程中，上身不断向左、右侧闪。

对练
22

乙方在向后移动中率先以前手直拳攻击甲方头部。同时，甲方向右侧躲闪，以前手直拳还击乙方头部。

01

乙方　甲方

双方以基本姿势呈对峙状态。

05

02

甲方再次用前手刺拳对乙方头部连续进行攻击，乙方后滑步防守。动作结束，双方恢复基本姿势。

甲方后脚的前脚掌蹬地，向前滑步。

03

向左侧闪

乙方在向后移动中，率先以后手直拳
攻击甲方头部。同时，甲方向左侧闪。

05

甲方在前滑步的过程中，上身不断向
左、右侧闪。

前脚的前脚掌
蹬地

屈膝，后脚的前脚掌蹬地

甲方闪躲结束后前脚的前脚掌蹬地，
用前手摆拳攻击乙方头部。两腿快速
微屈膝，后脚的前脚掌蹬转，上身向
左侧侧闪的同时，以后手上勾拳攻击
乙方腹部。

04

向右侧闪

对练
23

乙方　　甲方

双方以基本姿势呈对峙状态。

甲方后脚的前脚掌蹬地，向前滑步。

甲方在前滑步的过程中，上身不断向左、右侧闪。乙方率先以后手直拳攻击甲方头部。

前脚的前脚掌蹬地

02

甲方快速向右侧闪，再次向左侧闪的同时躲避乙方后手击头的直拳，以后手直拳迎击乙方头部。然后前脚的前脚掌蹬地，以前手摆拳攻击乙方头部。

甲方率先以前手直拳攻击乙方头部。

03

后脚的前脚掌蹬地

对练

24

01

乙方　甲方

后脚的前脚
掌蹬地

双方以基本姿势呈对峙状态。

乙方后脚的前脚掌蹬地，以后手摆拳迎击甲方头部。同时甲方后脚快速蹬地，以后手直拳在迎击乙方头部。

乙方在快速连接前手上勾拳、后手上勾拳攻击甲方腹部位置。

对练
25

双方以基本姿势呈对峙状态。

对练
26

01

乙方　甲方

双方以基本姿势呈对峙状态。

02

甲方率先以前手摆拳攻击乙方头部。
乙方后手格挡，用前手直拳击打甲方
头部，甲方同时以后手直拳击打乙方
头部。乙方后脚的前脚掌蹬地，在向
左侧闪中以后手直拳迎击乙方胸部。

甲方率先以前手摆拳攻击乙方头部。

03

向左斜向进步

乙方前脚向左侧斜向进步，后脚迅速跟进。

后脚跟进

04

向左斜向进步

略微转体

甲方快速连接以后手直拳继续向乙方进攻。乙方继续向左斜进步躲避攻击并以前手摆拳还击甲方头部。

05

此时，甲方两手呈防御姿势，乙方快速连接后手上勾拳攻击甲方腹部。

对练
27

向右侧滑步

乙方　甲方

双方以基本姿势呈对峙状态。

乙方前脚快速向右侧蹬地，后脚迅速向右侧滑步，前脚迅速跟进，躲避甲方攻击。

甲方率先以前手直拳攻击乙方头部。

后脚的前脚掌蹬地

对练
28

05

甲方后脚的前脚掌蹬地，以后手直拳快速攻击乙方头部。乙方向右侧滑步，躲避甲方的后直拳攻击。同时乙方后脚的前脚掌蹬地，用后手直拳还击甲方头部。

01

乙方　甲方

双方以基本姿势呈对峙状态。

02

随即，乙方连接前手上勾拳击打甲方腹部，再以后手直拳攻击甲方头部。

甲方率先以前手上勾拳攻击乙方头部。

03

向后滑步

后脚的前脚
掌蹬地

乙方迅速向后滑一小步，躲避甲方上
勾拳。甲方迅速后脚的前脚掌蹬地，
以后手直拳攻击乙方头部。

04

后脚的前脚掌
蹬地

前脚的前脚
掌蹬地

乙方后滑步躲避甲方勾拳和直拳的攻
击。随后乙方后脚的前脚掌蹬地，以
后手直拳反击甲方的下颌位置；前脚
的前脚掌蹬地，以前手摆拳攻击甲方
头部。

对练
29

01

乙方　　甲方

双方以基本姿势呈对峙状态。

02

甲方率先进步，以前手摆拳攻击乙方头部。

03

向后滑步

后脚的前脚掌蹬地

乙方迅速向后滑步，躲避甲方摆拳攻击。甲方后脚的前脚掌蹬地，以后手摆拳攻击乙方头部。

04

屈膝下蹲

左侧摇避

乙方两腿微屈膝下蹲，向左侧摇避，躲避甲方后手摆拳攻击。

05

前脚的前脚掌蹬地

乙方迅速前脚的前脚掌蹬地，以前手摆拳攻击甲方头部。

01

对练
30

乙方　甲方

双方以基本姿势呈对峙状态。

06

后脚的前脚掌蹬地

随即，连接后脚的前脚掌蹬地，以后手直拳攻击甲方头部。

02

甲方率先进步，用前手上勾拳攻击乙方腹部。

03

乙方防御住甲方的击腹拳以后，前脚的前脚掌蹬地，用前手上勾拳还击甲方腹部；然后后脚的前脚掌蹬地，转为后手上勾拳对甲方腹部进行攻击。甲方采用封闭式防守。

对练
31

乙方两臂快速收回呈封闭式防御姿势，护住头部与胸腹部。随即，甲方继续用后手上勾拳攻击乙方腹部。

01

乙方   甲方

04

前脚的前脚掌蹬地

双方以基本姿势呈对峙状态。

02

甲方率先进步，用前手摆拳攻击乙方头部。

03

乙方用后手手臂阻挡甲方攻击，随即甲方用后手摆拳进行攻击。

04

乙方提起前手手臂阻挡甲方进攻。防守结束后，乙方前脚的前脚掌蹬地，以前手摆拳反击甲方头部。

对练
32

后脚的前脚
掌蹬地

乙方　甲方

双方以基本姿势呈对峙状态。

甲方后脚的前脚掌蹬地，快速连接后
手直拳对乙方进行攻击。乙方向后滑
步移动，躲避甲方直拳的攻击。

甲方率先用前手直拳攻击乙方头部。

乙方快速向前滑步，用前手直拳还击
甲方头部。

05

随即，乙方后脚的前脚掌蹬地，以后
手直拳继续向甲方反击。

对练
33

01

双方以基本姿势呈对峙状态。

02

甲方率先向前进步，用前手摆拳攻击
乙方头部。

03

▼

后脚的前脚
掌蹬地

乙方向后滑步移动，躲避甲方攻击。
甲方后脚的前脚掌蹬地，转为后手直
拳继续发起进攻。

04

▼

乙方继续向后滑步撤退，躲避甲方的
攻击，然后迅速冲刺步向前。

05

▼

后脚的前脚掌蹬地

乙方以前手摆拳攻击甲方头部。随
即，后脚的前脚掌蹬地，以后手摆拳
继续对甲方进行反击。

乙方迅速向后撤步，躲避甲方的攻击。

对练
34

乙方　甲方

双方以基本姿势呈对峙状态。

后脚的前脚掌
蹬地

甲方后脚的前脚掌蹬地，以后手直拳
攻击乙方头部。

甲方率先向前进步，用前手摆拳攻击
乙方头部。

乙方继续向后滑步，躲避甲方的攻击。

06

乙方迅速冲刺步向前。

07

后脚的前脚掌蹬地

乙方以前手摆拳攻击甲方头部。随即后脚的前脚掌蹬地，以后手上勾拳攻击甲方腹部。

对练 35

01

乙方　甲方

双方以基本姿势呈对峙状态。

02

甲方后脚的前脚掌蹬地，以后手直拳攻击乙方头部。

向后撤步

乙方迅速向后撤步，躲避甲方的攻击。

乙方迅速冲刺步向前。

向前进步

甲方向前进步，以前手摆拳攻击乙方头部。

后脚的前脚掌蹬地

乙方以前手上勾拳攻击甲方头部。随即后脚的前脚掌蹬地，以后手直拳攻击甲方头部。

乙方继续向后滑步，躲避甲方的攻击。

对练
36

乙方　甲方

后脚的前脚
掌蹬地

乙方上身迅速后闪。甲方继续以后脚
的前脚掌蹬地，用后手直拳继续攻击
乙方头部位置。

双方以基本姿势呈对峙状态。

甲方率先以前手直拳攻击乙方头部。

屈膝下蹲

06

乙方迅速两腿屈膝下蹲，两臂收紧，
同时向左摇避甲方直拳攻击。

乙方迅速连接后手上勾拳攻击甲方腹
部位置。

05

对练
37

乙方成功躲避攻击后，前脚的前脚掌
蹬地，以前手摆拳攻击甲方头部。

前脚的前脚
掌蹬地

01

乙方　甲方

双方以基本姿势呈对峙状态。

甲方率先以前手摆拳攻击乙方头部。

乙方上身迅速后闪。甲方继续后脚的前脚掌蹬地，以后手摆拳继续攻击乙方头部位置。

乙方上身迅速向左侧躲闪，用前手摆拳攻击甲方头部。

随即，乙方两腿微屈膝，后脚的前脚掌蹬地，以后手直拳攻击甲方腹部位置。

03

乙方上身快速向后闪，躲避甲方的攻击。

对练
38

01

乙方　　甲方

双方以基本姿势呈对峙状态。

04

甲方后脚的前脚掌蹬地，转为后手直
拳继续进行攻击。

02

甲方率先以前手直拳攻击乙方头部。

05

乙方收紧两臂，后脚向后撤一小步，
上身再次向后闪，躲避甲方的攻击。

06

甲方向前进步，以前手摆拳攻击乙方头部。

乙方迅速下蹲，前脚的前脚掌蹬地，向右侧摇避，躲闪甲方前手摆拳的攻击。

07

08

乙方躲避攻击后，后脚的前脚掌蹬地，以后手直拳攻击甲方头部。随即，前脚的前脚掌蹬地，以前手摆拳攻击甲方头部。

对练
39

乙方迅速下潜躲避。

乙方　甲方

双方以基本姿势呈对峙状态。

甲方快速以前手摆拳攻击乙方头部。

甲方率先以后手直拳攻击乙方头部。

乙方后脚的前脚掌蹬地，迅速向右侧摇避，躲闪甲方的攻击，上身略微直起。

07

06

乙方后脚的前脚掌蹬地，迅速向左侧摇避，躲闪甲方的攻击。

08

甲方快速用后脚的前脚掌蹬地，用后手摆拳攻击乙方头部。乙方再次下潜。

乙方成功躲避甲方攻击后，在上身略微直起的刹那间后脚的前脚掌蹬地，以前手上勾拳攻击甲方腹部，连接后手直拳攻击甲方头部。

甲方率先以前手直拳攻击乙方头部。

乙方上身迅速向后闪，躲避甲方的攻击。

对练
40

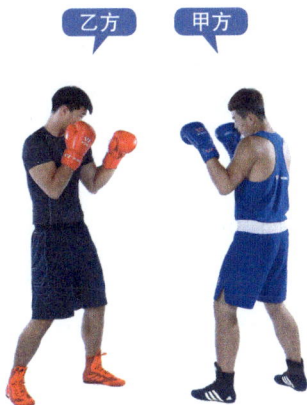

乙方　甲方

双方以基本姿势呈对峙状态。

甲方后脚的前脚掌蹬地，转为后手直拳攻击乙方头部。

05

乙方快速收腹，身体重心向左侧移动，做左侧闪。

07

乙方迅速微屈膝下蹲，前脚的前脚掌蹬地，向右侧摇避甲方前手摆拳的攻击。

06

甲方随即转为前手摆拳攻击乙方头部。

08

乙方躲过攻击后，用后脚的前脚掌蹬地，以后手直拳攻击甲方头部。

09

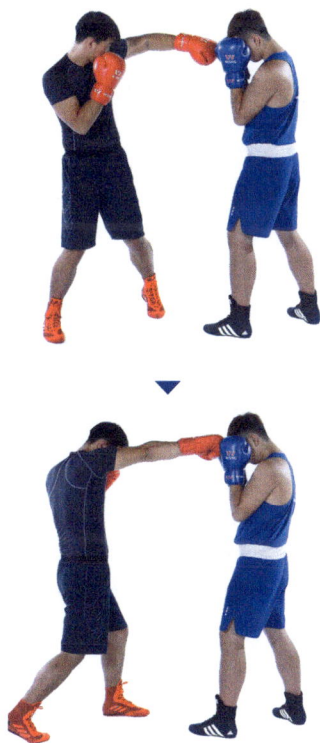

乙方快速连接前脚的前脚掌蹬地，
用前手摆拳击打甲方头部，再次连接
右手直拳攻击甲方头部。甲方两臂收
回，护住头部与胸腹部，进行封闭式
的防守。

第7章

拳击中近距离和围绳边、围绳角战术 15 例

本章内容着重介绍拳击比赛中中近距离、围绳边及围绳角的战术，通过 15 个案例对动作进行具体介绍分析。

01

中近距离战术

对练
1

双方距离较近，以基本姿势呈对峙状态。

乙方两手抱头，呈封闭式防御，护住头部与胸腹部。甲方继续用后手直拳攻击乙方头部。

甲方率先以前手直拳攻击乙方头部。

防住甲方后手直拳的攻击后，乙方以
前手上勾拳攻击甲方腹部，甲方呈封
闭式防御。乙方继续以后手上勾拳反
击甲方腹部。

甲方率先两手抱头呈封闭式防守向乙
方逼近。

对练
2

双方以基本姿势呈对峙状态。

甲方不断向乙方逼近，缩短二者间的
距离。

04

甲方防守住乙方攻击后，迅速以前手
上勾拳、后手上勾拳攻击乙方腹部，
乙方采用封闭式防守。

对练

3

乙方前脚的前脚掌蹬地，以前手上勾
拳攻击甲方腹部，继续以后手上勾拳
攻击甲方头部。甲方始终以封闭防守
进行防御。

05

01

乙方　甲方

双方以基本姿势呈对峙状态。

02

甲方率先前脚进步，以前手摆拳攻击乙方头部。

03

乙方快速微屈膝下蹲，前脚的前脚掌蹬地，向右侧摇避，躲避甲方的攻击。

04

▼

乙方成功躲避甲方攻击后，迅速以后手平勾拳反击甲方头部，连接前手上勾拳攻击甲方腹部。甲方采用封闭式防守。

05

▼

02

甲方以前手上勾拳反击乙方腹部，连接后手上勾拳攻击乙方头部。乙方继续采用封闭式防守进行防御。

双方以近距离呈封闭式防守状态。

03

对练

4

01

乙方　　甲方

双方以基本姿势呈对峙状态。

甲方率先以后手上勾拳攻击乙方腹部，乙方略微向右侧身用前手臂肘阻挡甲方攻击。

04

随即，乙方后脚的前脚掌蹬地，以后手上勾拳攻击甲方腹部。乙方继续以前手平勾拳攻击甲方头部。

对练
5

01

乙方　甲方

双方以近距离呈封闭式防守状态。

02

甲方率先以前手上勾拳攻击乙方腹部，乙方略微向左侧身，用前手臂肘阻挡甲方攻击。

乙方后脚的前脚掌蹬地，以后手平勾拳反击甲方头部。甲方呈封闭式防守，同时乙方继续以前手平勾拳进行攻击。

随即，甲方以后手平勾拳攻击乙方头部。乙方提起前手手臂，阻挡甲方攻击。

02

围绳边战术

对练
6

甲方后脚的前脚掌蹬地，迅速向左侧前方进步，躲避乙方的攻击。

双方以基本姿势呈对峙状态。甲方身后是围绳。

乙方继续以后手直拳攻击甲方头部。甲方随即以环绕步前进躲避乙方的攻击。

乙方以前手直拳攻击甲方头部。

▼

甲方躲避攻击后，迅速环绕到乙方身体侧处。

06

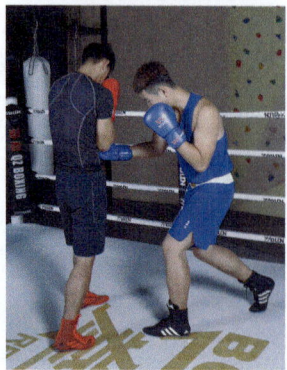

甲方用前手直拳攻击乙方头侧部，随即后脚的前脚掌蹬地，以后手上勾拳反击乙方腹部。然后撤出绳边。

对练
7

01

乙方　甲方

双方以基本姿势呈对峙状态。甲方身后是围绳。

02

乙方向前进步，以前手直拳攻击甲方头部。

03

甲方以前手向下拍击乙方直拳。

04

随即，乙方以后手直拳攻击甲方头部。

05

甲方迅速向左侧侧闪，躲避乙方的攻击。

06

甲方迅速向左转身 75°～90°，绕到乙方侧面。同时，甲方以前手直拳反击乙方头部。

07

然后撤出绳边。

对练
8

01

乙方　甲方

双方以基本姿势呈对峙状态。甲方身后是围绳。

02

乙方以前手摆拳攻击甲方头部。

03

甲方上身向后躲闪，躲避乙方的攻击。

04

随即，乙方以后手直拳攻击甲方头部。

05

甲方迅速两腿微屈膝下蹲，上身向左侧摇闪，躲避乙方的攻击。

06

甲方在直立过程中，后脚的前脚掌蹬地，向左前方进步；同时向左转身75°～90°，面向乙方。

07

甲方迅速以后手上勾拳攻击乙方腹部，并继续以前手直拳攻击乙方头侧部。然后撤出绳边。

对练
9

01

乙方　甲方

双方以基本姿势呈对峙状态。甲方身后是围绳。

02

乙方前滑步以后手直拳攻击甲方头部。

03

甲方上身向左侧躲闪，躲避对方的攻击。

04

随即，乙方以前手摆拳攻击甲方头部。

05

甲方迅速微屈膝下蹲，向右侧摇闪，躲避乙方的攻击。

06

同时，甲方后脚向前一步，绕至乙方身侧。

07

甲方迅速微屈膝下蹲，向右侧摇闪，躲避乙方的攻击。

08

随即，甲方后脚的前脚掌蹬地，向右侧转身，（变成左架姿势）以后手摆拳攻击乙方头部。然后撤出绳边。

对练
10

01

双方以基本姿势呈对峙状态。甲方身后是围绳。

02

乙方以前手摆拳攻击甲方头部。

03

甲方提起右手臂阻挡乙方进攻。

04

随即，乙方后脚的前脚掌蹬地，以后手直拳攻击甲方腹部。

05

甲方迅速向左侧斜进一步，躲避攻击。

06

同时，甲方迅速向右侧转体 75°～90°，以前手摆拳击打乙方头部。然后撤出绳边。

围绳角战术

对练
11

甲方 **乙方**

双方以基本姿势呈对峙状态。甲方身后是拳台角。

乙方以前手直拳攻击甲方头部。

甲方迅速微屈膝，向右侧侧闪。

随即，乙方后脚的前脚掌蹬地，以后手直拳攻击甲方头部。甲方迅速向左侧摇避，躲避乙方的攻击。

07

同时，甲方迅速向右侧环绕步前进，移至乙方身体侧方。

06

随即，甲方后脚的前脚掌蹬地，以后手上勾拳攻击乙方腹部。然后撤出绳角位置。

甲方迅速以前手摆拳攻击乙方头侧部、耳部前方。

对练
12

甲方迅速微屈膝，向右侧侧闪。

甲方　乙方

双方以基本姿势呈对峙状态。甲方身后是拳台角。

随即，乙方后脚的前脚掌蹬地，以后手直拳攻击甲方头部。甲方迅速向左侧摇避，躲避乙方的攻击。

乙方以前手摆拳攻击甲方头部。

多角度图

同时，甲方迅速移至乙方身体侧方，以前手平勾拳攻击乙方头部。然后撤出绳角位置。

02

乙方以前手直拳攻击甲方头部。

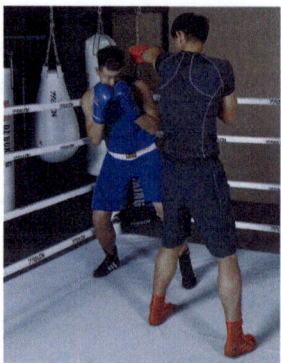

03

甲方迅速微屈膝，向右侧侧闪。

对练
13

01

甲方　　乙方

双方以基本姿势呈对峙状态。甲方身后是拳台角。

04

随即，乙方后脚的前脚掌蹬地，以后手直拳攻击甲方头部。

05

多角度图

甲方迅速用后脚的前脚掌蹬地，向左侧闪，躲避乙方的攻击，同时以后手直拳迎击乙方头部。

06

多角度图

甲方前脚的前脚掌蹬地，并且向左侧转体，继续以前手摆拳攻击乙方头部。然后撤出绳角位置。

对练
14

01

甲方　乙方

双方以基本姿势呈对峙状态。甲方身后是拳台角。

02

乙方以后手直拳攻击甲方头部。

03

甲方用前手拍击乙方进攻拳。

04

随即，乙方前脚的前脚掌蹬地，以前手摆拳攻击甲方头部。

05

多角度图

甲方迅速用后脚的前脚掌蹬地，向左前方斜进步，躲避乙方的攻击。

06

甲方迅速转体 75°～90°，以前手摆拳攻击乙方头部。然后撤出绳角位置。

甲方迅速用后手向下拍击乙方击腹拳。

对练
15

甲方　乙方

双方以基本姿势呈对峙状态。甲方身后是拳台角。

乙方两腿屈膝略微下蹲，以前手直拳攻击乙方腹部。

随即，乙方后脚的前脚掌蹬地，以后手直拳攻击甲方头部。

05

多角度图

甲方迅速向左前方斜向进步，同时转体 75°～90°，以前手摆拳击打乙方头部。

06

多角度图

随即，甲方后脚的前脚掌蹬地，以后手上勾拳攻击乙方腹部。然后撤出绳角位置。

第❽章
打手靶的方法

拳击打手靶训练能够帮助拳击运动员改进和规范技术，可以提高击打的准确性，更能起到演练、熟练战术的作用。同时打手靶训练是提高拳击运动员训练量、训练强度、击打速度、击打力量的专项训练手段（持靶的人在对方击打手靶的瞬间，轻轻用力短促地接触。绝对不能持靶用力大幅度拍击打手靶的拳）。打手靶可分为原地固定手靶和移动手靶。

本章内容将对打手靶训练的不同拳法进行介绍，对动作要点及防守攻击技巧进行讲解。

01

前手刺拳

甲方为打靶者，乙方为持靶者。

01

乙方前手持靶向前方。甲方呈基本姿势。

02

甲方前脚的前脚掌蹬地向前滑一小步，以前手刺拳击靶。

03

甲方前手略收回，并不完全收回。乙方持靶向后移动一小步。

04

甲方再次后脚的前脚掌蹬地向前滑一小步，前手刺拳击靶。

05

双方恢复准备姿势。

02

前手直拳

双方恢复准备姿势。

乙方前手持靶向前方。甲方呈基本姿势。

甲方再次前脚蹬转，前手直拳击靶。

甲方前脚蹬转，以前手直拳击靶。

双方恢复准备姿势。

03

后手直拳

03

双方恢复准备姿势。

01

甲方　乙方

乙方后手持靶向前方。甲方呈基本姿势准备。

04

甲方再次后脚的前脚掌蹬地，后手直拳击靶。

02

甲方后脚的前脚掌蹬地，以后手直拳击靶。

04

前后手直拳两连击

03

甲方后脚的前脚掌蹬地向前跟进一小步，以后手直拳击靶。

01

甲方　乙方

乙方两手持靶置于胸前。甲方呈基本姿势准备。

04

双方恢复准备姿势。

02

甲方前脚向前进步，以前手直拳击靶。

05

前手摆拳

双方恢复准备姿势。

乙方前手持靶向右，放置在自己右脸侧。甲方呈基本姿势准备。

甲方前脚的前脚掌蹬地，以前手摆拳击靶。

06

后手摆拳

01

甲方 乙方

乙方后手持靶向左侧，放在自己左肩位置。甲方呈基本姿势准备。

02

甲方后脚的前脚掌蹬地，以后手摆拳击靶。

03

双方恢复准备姿势。

07

前后手直拳、前摆拳三连击

03

甲方后脚的前脚掌蹬地向前跟进一小步，以后手直拳击靶。

01

甲方 乙方

乙方两手持靶置于胸前。甲方呈基本姿势准备。

02

甲方前脚向前进步，以前手直拳击靶。

04

乙方将前手靶置于左肩或脸右侧面，甲方前脚蹬转，以前手摆拳击靶。

08

前手上勾拳

乙方将手靶放置在自己腹部，高低位置可以根据甲方的身材高矮确定。

甲方以前手上勾拳击靶。

09

后手上勾拳

乙方前手持靶向下。甲方呈基本姿势准备。

甲方以后手上勾拳击靶。

10

前后手直拳、前摆拳、后手上勾拳四连击

03

甲方后脚的前脚掌蹬地向前跟进一小步，以后手直拳击靶。

01

甲方　乙方

乙方两手持靶置于胸前。甲方呈基本姿势准备。

04

甲方前脚蹬转，以前手摆拳击靶。

02

甲方前脚向前进步，以前手直拳击靶。

05

随即乙方后手持靶，将手靶向下，甲方以后手上勾拳击靶。

11

前手平勾拳

03

双方恢复准备姿势。

01

乙方　　甲方

乙方前手持靶向右侧。甲方呈基本姿势准备。

02

甲方前脚的前脚掌蹬地，以前手平勾拳击靶。

12

后手平勾拳

双方恢复准备姿势。

乙方后手持靶向左侧。甲方呈基本姿势准备。

甲方　乙方

甲方后脚的前脚掌蹬地，以后手平勾拳击靶。

13

前后手直拳、前摆拳、后上勾拳、前平勾拳五连击

乙方右手靶在上，甲方向前跟进一小步，以后手直拳击靶。

甲方   乙方

乙方两手持靶置于胸前。甲方呈基本姿势准备。

乙方前手靶在上，甲方前脚的前脚掌蹬地转体，以前手摆拳击靶。

甲方前脚向前进步，以前手直拳击靶。

随即乙方将手靶向下，甲方以后手上勾拳击靶。

06

乙方再次将前手手靶抬起向右，甲方
以前手平勾拳击靶。

07

双方恢复准备姿势。

第9章
打沙袋的方法

打沙袋是拳击运动员的主要训练手段。打沙袋的方式主要有两种：一是固定位置击打沙袋，由教练或助手帮助运动员固定住沙袋进行击打；二是难度比较大的移动沙袋或对自由摆动中的沙袋进行击打。打沙袋的距离主要有三种，远距离、中距离和近距离。沙袋是拳击运动员的假想对手，主要作用是强化运动员技战术水平，提高拳击运动员的击打准确性和距离感，更能提高拳击运动员的专项力量和耐力。本章对不同拳法的打沙袋练习动作进行分析介绍。

01

前手刺拳

01

由基本姿势开始。

03

随即，前手略微收回。其他位置还原基本姿势。

02

前脚的前脚掌蹬地，腰部转动，以前手刺拳击打沙袋。

04

前手再次刺拳击打沙袋。

前手直拳

01

由基本姿势开始。

03

恢复基本姿势。

02

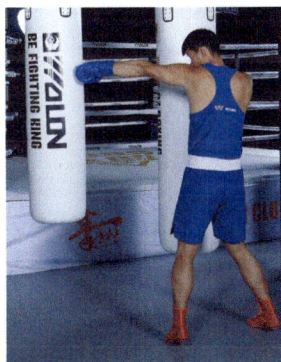

前脚的前脚掌蹬地，腰部转动，以前手直拳击打沙袋。

03

后手直拳

01

由基本姿势开始。

03

恢复基本姿势。

02

后脚的前脚掌蹬地，腰部转动，以后
手直拳击打沙袋。

前后手直拳两连击

由基本姿势开始。

后脚的前脚掌蹬地，腰胯向左转后手直拳击打沙袋。

后脚的前脚掌蹬地，腰部转动，以前手直拳击打沙袋。

恢复基本姿势。

05

前手摆拳

01

由基本姿势开始。

03

手臂与肩平行，以前手摆拳击打沙袋。

02

前脚的前脚掌蹬地，腰部转动，手肘上抬。

04

恢复基本姿势。

On

后手摆拳

01

由基本姿势开始。

03

恢复基本姿势。

02

后脚的前脚掌蹬地，腰部转动，以后手摆拳击打沙袋。

07

前后手直拳、前摆拳三连击

01

由基本姿势开始。

02

前脚的前脚掌蹬地，腰部转动，以前
直拳击打沙袋。

03

随即，后脚的前脚掌用力蹬地，以后
手直拳击打沙袋。

04

在后手直拳还原的同时，以前手摆拳
击打沙袋。

08

前手上勾拳

01

由基本姿势开始。

03

恢复基本姿势。

02

两腿微屈，前脚的前脚掌蹬地，以前手上勾拳击打沙袋。

09

后手上勾拳

01

由基本姿势开始。

03

恢复基本姿势。

02
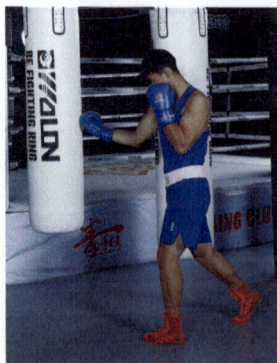
后脚的前脚掌蹬地，腰部转动，以后
手上勾拳击打沙袋。

前后手直拳、前摆拳、后手上勾拳四连击

01

由基本姿势开始。

随即，后脚的前脚掌用力蹬地，以后手直拳击打沙袋。

前脚的前脚掌蹬地，腰部转动，以前手直拳击打沙袋。

后手直拳还原时，以前手摆拳击打沙袋。

05

前手摆拳收拳过程中，转动腰胯后手上勾拳击打沙袋。

06

恢复基本姿势。

11

前手平勾拳

01

由基本姿势开始。

02

前脚的前脚掌蹬地，腰部转动，以前手平勾拳击沙袋。

恢复基本姿势。

后手平勾拳

由基本姿势开始。

后脚的前脚掌蹬地，腰部转动，以后手平勾拳击打沙袋。

03

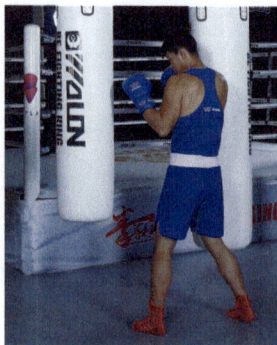

恢复基本姿势。

13

前后手直拳、前摆拳、后手上勾拳、前平勾拳五连击

01

由基本姿势开始。

02

前脚的前脚掌蹬地，腰部转动，以前手直拳击打沙袋。

03

随即，后脚的前脚掌用力蹬地，以后
手直拳击打沙袋。

04

前脚的前脚掌继续蹬地，以前手摆拳
击打沙袋。

05

重心移至后脚，后脚的前脚掌蹬地，
转动腰胯，以后手上勾拳击打沙袋。

06

前脚的前脚掌继续蹬地，腰胯向左侧
偏转，拳心向下，以前手平勾拳击打
沙袋。

07

恢复基本姿势。

Q1

拳击锻炼者和运动员为什么要掌握正确的基本姿势？

A 拳击的基本姿势分为右势（右架）和左势（左架）。两种姿势对脚、腿、躯干、手臂、头和身体重心都有严格的要求。

正确的基本姿势是拳击练习的基础，只有掌握了正确的基本姿势，才能使拳击锻炼者和运动员把脚下快速移动的步法、技术和战术很好地衔接；才能使各种拳法快速地连接和转换；才能使进攻与防守反击的技术、战术很好地展现出来。因此，想要学好拳击，先要熟练地掌握正确的拳击基本姿势。

Q2

摆拳与平勾拳有什么区别？

A 在拳击的多种基本拳法中，摆拳属于远距离的一种拳法，幅度比较大，打击的距离比较远。实战中既可以在进攻中单独使用摆拳打击对手，也可以在反击移动中运用摆拳击打对手。摆拳还可以和直拳组合实现远距离的组合拳进攻与反击，也可以和近距离的勾拳组合，实现远近距离结合打击。平勾拳的幅度比较小，打击的距离比较近，主要是在双方出现近距离的情况下打击对方的头部。平勾拳与上勾拳的组合、平勾拳与脚下步法向左或向右跨步的组合，不仅能实现近距离的组合拳击打，也能演变出多种近距离的战术。平勾拳与上勾拳的组合应用破坏对手的封闭式防守效果明显。

Q3

针对脚下步法移动快，拳法比较单一的拳手的攻略是什么？

A 这种类型的拳手的特点是，思维反应敏捷，脚下步法灵活，变化比较多。起动进攻速度快，爆发力强，向后、向左右移动过程中抓住时机出拳。击打的拳法虽然单一但是能准确地打击对手的有效位置。

针对这种打法的拳手，注意以下几点。

1.两臂抬高，采用封闭式防守，确保自己的头部、胸腹部不被击打。

2.重心要保持稳定，躯干和头部多做左右侧闪和后闪，干扰对手打击的准确性，延缓其打击的速率。

3.变换脚下步法的节奏紧逼对手，使其重心不稳，移动速度和出拳速率减慢。

4.集中注意力，两眼要紧紧地盯住对手的一举一动。当对手进攻时，看准时机迎击，然后快速地转为进攻。

5.判断对手要反击时，快速地利用步法的移动和闪躲，将对手逼到围绳边或围绳角的位置，连续用组合拳打击，拳法要多变，打击的位置要多变。

Q4

针对前手拳速度快、善于变化的拳手的攻略是什么？

A 　一名优秀的拳击运动员前手拳打击的速度快，变化也比较多。这种打法的优点主要是能干扰、破坏对手的视线和思维，造成对方的判断失误。前手拳距离对手比较近，快速的前手刺拳、直拳、摆拳、勾拳都有可能打击对手的有效部位。前手拳的真、假、虚、实变化为后手重击拳创造更多的打击时机。

针对这种打法的拳手，注意以下几点。

1. 前手拍击对手的刺拳、直拳，延迟收拳速度，同时用后手击打对手腹部。

2. 后手拍击对手的刺拳、直拳，改变击打方向，同时用前手刺拳和直拳迎击对手头部。

3. 抓住时机向左侧闪，快速地用前手摆拳、直拳、勾拳反击，向右侧闪用后手直拳、勾拳反击。

4. 前手摆拳配合斜进步法交叉迎击。

5. 脚下向前进步，头部向右侧闪的同时前手连续三次刺拳击打对手头部。闪躲的同时快速完成进攻。

Q5

A　这种类型的拳手大部分都是体能比较充沛、力量比较大、心理素质比较好、善于拼打、意志品质顽强、抗击打能力强的对手。存在的共性问题是技术比较粗糙，战术变化能力比较差。

针对这种打法的拳手，注意以下几点。

1.运用灵活多变的脚下步法移动，躲避猛冲猛打的锋芒，使其击打的拳法落空，然后反击。

2.不能直线后退，集中注意力。盯住对手的脚下，当对手起动进攻时，向左侧转动打出左摆拳或向右侧滑步打出后勾拳、后手直拳。

3.要沉着冷静、不能慌乱，当对手击打时向后快速滑一步，使其击打的拳落空，用前手和后手的一、二连击拳打击，然后快速地左右移动均可以。

4.注意保存体力，心理稳定，用迎击拳法和打时间差来战胜对手。

Q6

针对高个子拳手的攻略是什么？

A　这种高个子拳手的特点比较明显，因为身材高大，腿长臂长，控制距离的能力较强。大多数拳手前手拳打击的速度快，而且多变；后手拳出击虽然少但是很重，远距离的作战能力比较好。

针对这种打法的拳手，注意以下几点。

1.保持高度的警惕，两手抬高护住头部和胸腹部，避免对手远距离偷袭。

2.身体快速地向前移动，同时做左右闪动不给对手固定目标，躲避远距离的打击，形成中近距离，用组合拳连续地击打对手。

3.稳定心智，脚下步法平稳地左右移动，破坏对手的节奏，引诱对手出拳，快速地进行迎击和连续地打击。

Q7

针对左架（左撇子）拳手的攻略是什么？

A 左撇子（左架）在生活中相对较少，在拳手中左撇子同样是少数，左撇子在训练中的对手绝大多数是右架，所以较为习惯，然而训练中右架拳击手较少和左撇子实战，因此在比赛中不适应左撇子的打法。左撇子拳手的普遍特点是，后手直拳、勾拳打击的力量大，并且速度快，前手直拳摆拳相对较多，善于向右侧移动。

针对这种打法的拳手，注意以下几点。

1.尽最大可能向左撇子前手拳的外侧移动，使其后手主力拳打击难度加大。

2.利用脚下向外侧移动的步法，堵住左撇子的前脚，逼迫其向内侧移动，使其不能有效地发挥前手摆拳和勾拳，当其头部和胸腹部暴露在自己的后手拳打击范围内时，用后手变化拳法击打效果明显。

3.前臂略向前伸长一些，多采用前手拍击，阻挠、干扰左撇子的前手，伺机以后手拳打击，多和前手拳配合。

Q8

拳击运动员在比赛中的代谢方式是什么?

A 　　代谢方式有三种:一是有氧代谢,运动时间长、运动量比较大、强度比较低;二是无氧代谢,运动时间短、强度大、运动量相对较小;三是混氧代谢,在比赛中既有无氧代谢方式,又有有氧代谢方式。运动量和强度都比较大。

　　拳击运动以混氧代谢为主,拳击的一场比赛有三个回合,每个回合 3 分钟,回合间休息 1 分钟,然后进入下一回合。全场的比赛共计 11 分钟。11 分钟是有氧代谢过程,运动员在比赛中试探对手,寻找机会捕捉战机,这段时间是有氧代谢。但是在比赛中经常出现十几拳甚至二十几拳的快速连续击打或十几秒的快速移动和防守,比赛中连续不断地进攻、防守、反击。这种大强度的连续出拳打击的速度和力量及十几秒的快速移动都是在无氧的情况下完成的,所以拳击运动在比赛中的代谢是一种混氧形式。

Q9

拳击运动员容易出现的外伤及如何预防?

A 　　拳击运动的对抗性很强,是两个人用拳头进行搏斗的一种体育比赛。进攻和防守都是非周期性的运动,运动强度之大是大多数体育项目比赛无法比拟的。因此在训练和比赛中容易出现几种伤病。

拇指关节损伤

原因：主要是摆拳技术动作不规范，打摆拳时拳眼部位击打到目标造成损伤，击打直拳和勾拳拇指没握紧也会造成损伤。

预防措施：规范摆拳技术，打摆拳时，手、肘、肩在一个平面，加强握拳训练，提高指关节力量。正确的缠好护手布，在拇指关节处用胶布固定。

眉弓开裂

原因：眉弓骨比较硬，向前突出，有棱角。击打划蹭时，头部、肘部顶碰易开裂。

预防措施：在训练和比赛之前对眉弓部位进行一分钟左右的按摩，皮肤预热，涂上凡士林油，减小摩擦系数。规范拳击技术，手臂抬高加强保护。裁判及时的制止头前冲、肘击的犯规动作。

鼻子出血

原因：鼻腔毛细血管分布密集，而且微细血管多，鼻腔内壁受到较大力量撞击或挤压容易破损出血。

预防措施：每天早上起床前或晚上睡觉前对鼻子进行按摩，增加血管弹性和厚度。在比赛前要对鼻腔部位进行按摩或戴上拳击手套轻轻地敲打几次，或者让有经验的医生先期处理预防出血。提高防守技术减少鼻子被击中的次数。如果经常出血应去医院进行治疗。

腕关节扭转

原因：在拳击的训练和比赛中腕关节参与运动是最多的。腕关节是由八块小骨头组成的，拳击每次击打动作都是通过腕关节传递到拳峰部位的。腕部关节承受着巨大的撞击力。当拳背和前臂不在一个平面时极容易受伤。

预防措施：经常加强腕关节的力量训练，无论打什么样的拳法，腕关节必须与拳背和前臂在同一平面。正确地使用缠手布，固定好腕关节，腕关节出现角度上扬或下扣都容易受伤。

牙齿松动

原因：人每天都在用牙齿，牙齿是比较坚固的，但是如果运动员在训练或比赛中张嘴呼吸，此时对手的拳很容易打击到牙齿上，造成损伤。对手犯规动作，例如头前冲撞击到牙齿部位也容易造成损伤。

预防措施：在训练或比赛中护齿套是必须准备的保护器材。护齿套必须与牙型相吻合：如果过松容易脱落（犯规），过紧容易造成牙龈出血。因此，护齿套在牙齿上必须轻轻用力才能拔掉是正确的佩戴护齿套的方法。拳击运动员是用鼻子呼吸的，在击打过程中嘴是紧闭的，张嘴呼吸即使有护齿套保护，牙齿也容易被打松动。

Q10
拳击运动员常出现的犯规动作是什么？

A

开掌击打

用拳心或拳背击打对手都是开掌击打。摆拳容易出现此类的犯规动作。正确的是用拳峰部位击打。

击腹过低

规则规定无论什么拳只要是打到对方腰带以下（下腹部和裆部）就是击打过低的犯规动作。上勾拳和直拳容易出现此类犯规动作。

抡臂击打

抡臂击打主要是指摆拳，打摆拳时前臂与上臂肘关节部位是直臂没有角度。由体侧抡打出去的拳都是抡臂击打的犯规拳。

击打后脑

运动员的后脑部位是绝对不能被打击的。无论是有意或无意，击

打到对手的后脑都是犯规的。摆拳和平勾拳动作不规范容易击打到对手后脑。后脑部位划分标准为击打耳部以后都属于击打后脑犯规。

挟手臂击打

运动员用一只手臂挟住对手手臂或一只手臂拉住对手的手臂，另一只手的拳头击打对手，叫挟手臂击打犯规。

击打后背

运动员无论有意或无意都不能击打对手的后背。如果对手转体击打到后背，双方都犯规，一方是转体犯规，另一方是击打后背犯规。

头前冲

头前冲是运动员常出现的一种犯规动作。在进攻或防守反击中，只要前额部位超过前脚尖，用头顶去顶撞或下蹲防守时头低于对手腰带已下，都是头前冲犯规。

搂抱

运动员双手抱住对手的腰部或者单手搂抱对手腰部、头部、颈部都是搂抱犯规。

STOP

停止：比赛中裁判喊 STOP（停止）的口令之后，双方运动员必须停止一切攻击过作。无论哪方没有停止击打就是犯规；双方都没有停止攻击，判双方同时犯规。

Break

分开：规则规定裁判员发出 Break（分开）口令之后，双方运动员都必须向后退一步，然后继续比赛。当一方运动员不后退并继续击打对手是犯规；当双方运动员都没有后退，双方运动员都犯规。

高振国，1960 年出生，毕业于沈阳体育学院和大连工学院。2002 年开始任国家级教练员，技术三级，是 1986 年中国恢复拳击运动的第一批教练员，曾担任过国家拳击男女队副总教练、总教练、教练组组长，带队参加过 2000 年悉尼奥运会和 2008 年北京奥运会，并多次带队参加世界锦标赛、亚运会、亚锦赛等国际重大赛事，先后培养出中国女子拳击世界冠军第一人张毛毛、世界冠军第二人张喜燕，后者也是第一个在世界锦标赛中获得最佳技术风格奖的中国拳击运动员。2005 ~ 2008 年任中国拳击队副总教练兼任中大级别组组长，和教练组的教练员共同努力，培养出奥运冠军张小平、亚军张志磊等。1987 ~ 2018 年为沈阳体育学院和辽宁省体育局培养出世界冠军、亚洲冠军和全国冠军 100 多人。